내 무명을 밝히는 깨달음의 노래

혜명교양 ①
내 무명을 밝히는 깨달음의 노래

ⓒ김양경, 2007

초판 1쇄 발행 2007년 11월 30일

엮은이 | 김양경
펴낸이 | 정정자
펴낸곳 | (도서출판)혜명

편 집 | 혜명편집부
윤문교정 | 최윤희
디자인 | 홍보라

주소 | 서울시 은평구 구산동 162-1 경향파크 1-403
출판등록 | 제311-2006-18호(2006년 8월 4일)
전화 | 02)387-3324
팩스 | 02)387-3379
e-mail | anankr@naver.com

ISBN 978-89-958490-1-9 02810
값 10,000원

보급 | 운주사(Tel. 02-3672-7181~4)
혜명교양 ①

작가와 협의 아래 인지는 생략합니다.
잘못된 책은 구입하신 서점에서 바꾸어 드립니다.

내 무명을 밝히는
깨달음의 노래

|김양경 엮음|

혜명

| 책을 펴내며 |

　삶에서 가장 행복한 순간은 언제일까? 염라대왕과 한 남자의 이야기는 행복의 실체에 대해 다시금 생각해보게 한다.

　한 남자가 난데없이 교통사고를 당해 저승에 가게 되었다. 그는 너무도 억울한 마음에 단 한 순간만이라도 이승에서 살던 때로 돌아가게 해달라며 염라대왕을 조르고 또 졸랐다.

　"너의 인생에서 가장 행복했던 순간을 떠올려보아라. 그럼 그 때로 돌아가게 해주겠다."

　남자의 애원에 귀찮아진 염라대왕이 말했다.

　남자는 뛸 듯이 기뻤다. 머릿속에서 마치 한편의 영화처럼 그의 일생이 펼쳐졌다. 언제가 가장 행복했지? 아기였을 때인가? 첫 월급을 탔을 때? 아님 사랑에 빠졌을 때인가?

　기억을 더듬어가던 남자는 좌절하고 말았다. 돌이켜보니 매순간에 행복이 있었다. 한참이나 고민을 했지만 가장 행복했던 순간을 고르는 일은 불가능 하단걸 깨달았다. 남자는 결국 묵묵히 저승 행을 택했다고 한다.

　우리의 삶도 이와 같지 않을까. 매 순간의 소중함을 모르고 살기에 행복은 항상 멀리에 있는 무엇이라고 생각한다. 모든 삶의 끝은 죽음으로 귀결되지만 누구도 자신이 죽을 거라 생각하지 못한다.

삶은 영원할 것처럼 느껴지고 미래에 언젠가는 행복한 삶을 살게 되길 꿈꾼다. 과거에 이랬더라면 혹은 이러지 않았더라면 행복했을 거라는 후회로 곧잘 시무룩해지기도 한다.

현재에 사는 것은 그토록 어렵다. 염라대왕과 남자의 이야기처럼 돌이켜보면 행복은 매순간에 있는데 말이다.

나에게 고승들의 선시는 놓치고 살았던 행복의 실마리를 찾게 해준 열쇠였다. 깨달음의 노래로 불리는 선시는 그 종류가 다양하다. 깨달음의 희열을 표현한 오도송(悟道頌)이 있는가 하면 자연의 아름다움과 일상을 노래한 경우, 그리고 열반송(涅槃誦)과 같이 하나의 장르처럼 자리 잡은 선시도 있다.

모두가 불가의 가르침을 체득한 선사들의 깨달음에서 나온 시들이지만 종교적인 색채가 짙게 느껴지진 않는다. 대부분의 시조들이 유불선(儒佛仙)의 사상적 틀로부터 나왔기에 선시라고 해서 특별히 종교적으로 와 닿지 않는 이유도 있을 것이다.

물론 종교적인 해석을 덧붙여야만 이해가 되는 선시들도 있다.

불교용어를 모르고 뜻을 풀면 시의 내용자체가 흐트러지는 경우이다. 하지만 의미를 이해하는데만 집중하게 되면 선시 특유의 맛을 느낄 수 없다. 선시는 그 자체로 아름다운 음악과 같기 때문이다.

좋은 음악은 그것이 샹송이 되었든 팝송이 되었든 간에 듣는 이를 편안하고 즐겁게 만든다. 가사를 모두 이해하지 못해도 아름다운 음악의 밝은 기운에 감화되는 것이다. 선시가 깨달음의 노래인 이유도 이와 같다. 행간에 담긴 청명한 기운은 아름다운 노래와 같이 그 자체로서 감동을 준다.

나는 「금강경 공부하기」의 저자인 정천구 박사를 통해 처음 불교에 입문했고 그 인연으로 선시를 접했다. 그가 흠모하여 따르던 불교계의 큰 스승이신 백성욱 박사께서 남기신 오도송이 그것이다.

당시 나는 특별한 종교를 갖고 있지 않았다. 불교에 대해 떠오르는 것이라고는 향내음이 가득한 법당과 부처님 오신 날이면 영롱한 빛을 자랑하며 늘어 선 연등 정도였다.

돌이켜보면 나는 〈만들어진 신〉이란 책에서 리처드 도킨스가 정의했듯 너무도 '종교적인 불신자'였던 것 같다. 신의 존재를 이

해할 수 없었기에 맹신을 하고 싶지 않았을 뿐, 마음 깊은 곳에서는 항상 나를 이끌어줄 바른 가르침이 될 종교에 대한 열망이 있었다.

전생의 공덕으로 인한 고마운 인연이었을까. 백선생님의 오도송 한수가 나를 불법의 세계로 인도했다. 정천구 박사와 지인들은 백선생님 입적 후에도 '금강경 독송회'를 중심으로 선생님이 남기신 가르침을 널리 알리는데 힘쓰고 있었다. 나는 백선생님을 직접 뵙고 가르침을 받지는 못했지만 좋은 지인을 둔 인연으로 선생님의 가르침을 접하게 되었고 깊이 감화 되었다.

백선생님께서는 일제시대에 상해 임시정부의 일원으로 우리나라의 독립을 위해 많은 활약을 하셨을 뿐만 아니라 광복 후 초대 내무장관을 역임하셨다. 후에 동국대학교의 총장으로 재임하시며 우리나라 불교계의 큰 스승님으로써 족적을 남기신 분이다. 산속 암자에서만 행해지는 불교가 아닌 일반대중이 생활 속에서 실천할 수 있는 불법을 일러려 힘쓰셨다.

말년에는 소사 백성 목장에서 후학양성에 매진하시며 불법을 널리 펼치셨는데 정천구 박사는 이때 백선생님의 가르침을 「미래를 여는 금강경 독송」(금강경 독송의 이론과 실제), 그리고 '금강경 공부하기'라는 책으로 펴낸 바 있다.

백선생님의 가르침은 모든 마음에서 일어나는 생각을 부처님께 바치는 데 있다. 우리는 매 순간을 마음이 만들어내는 생각의 노예로 살아간다.

삶이 괴로운 이유는 마음이란 놈이 끊임없이 과거와 미래를 오가며 생각을 지어내기 때문이다. 삶이 괴로운 이유는 현재에 있지 않다. 마음은 오지도 않은 미래에 대한 고민과 지나간 과거에 대한 후회로 가득하여 우리를 괴롭힌다. 완벽히 현재에만 머물 수 있다면 우리는 바랄 것도 없고 고민할 것도 없다. 극락과 지옥도 마음 한번 먹기 나름인 것이다. 자기 한마음을 다스리는 것이 세상을 얻는 것과 같은 이유이다.

백선생님은 최상의 지혜가 담긴 금강경을 수지독송(受持讀誦)함으로써 누구나 밝은 부처님의 가르침을 접할 수 있음을 가르치셨다. 금강경은 부처님이 영산회상(靈山會上)에서 수보리존자와 천이백 오십인의 아라한들을 상대로 설법하신 내용을 기록한 불교 최고의 경전이다.

백선생님은 경을 읽을 때마다 우리가 영산회상에 천이백오십인의 아라한 중 한명으로 참석해 부처님의 설법을 듣는다는 마음으로 읽을 것을 가르치셨다. 경은 꼭 한글로 해설된 것을 읽을 필요는 없다. 한문해석을 잘 하지 못해도 한글로 음을 달아 읽으면 어느 순간 그 뜻을 저절로 알게 되는 때가 온다고 하셨다. 한문이 뜻글자이기 때문이다.

사경, 즉 경을 한문 그대로 옮겨 쓰는 것도 좋은 방법이다. 한 글자 한 글자를 옮겨 쓰면서 간단히 자전으로 뜻을 찾아 볼 수 있다. 굳이 해석하려 노력하지 않아도 쓰다보면 자연스럽게 뜻을 깨치게 된다.

마치 아이들에게 영어를 가르칠 때 하나씩 뜻을 풀어주고 외우게 하는 것보다 뜻을 몰라도 그 자체를 자연스럽게 자꾸 접하고 사용하게 하는 것처럼, 금강경을 읽는 것 자체가 아름다운 영혼의 울림이 되고 천상의 선율과 같은 희열을 주므로 수지 독송하라는 것이다.

선생님께서는 경 읽기와 바치는 공부를 열심히 할 것을 가르치셨다. 그러나 무엇이든 열심히 한다는 마음은 그것 자체로 탐심이기에 그 마음마저도 바치라고 하셨다.

어떻게 바칠 것인가? 백선생님은 모든 떠오르는 생각에 대해 "…모든 중생들이 무시겁으로 지은 업보업장을 해탈탈겁하여 부처님 시봉 밝은 날과 같이 복 많이 짓길 발원."이라는 원(願)을 세우라고 하셨다.

모든 종교에서 가르치는 기도는 그 본질적인 면에서 하나의 '원'이다. 내가 부자가 되길, 우리 가족이 건강하길, 행복한 삶이되길 바라는 기원이다. 부처님전이나 하느님전에 간곡히 엎드려 비는 것으로 소원을 이룰 수도 있다. 하지만 모든 원은 인연법을 떠나 존재할 수 없기에 그에 대한 업이 따른다. 그러니 모든 이가 업장에서 해탈하길 기원하는 청정한 원을 밝고 대자대비하신 부처님전에 바치는 것으로 모든 업장에서 벗어나기를 가르치신 것이다.

금강경 독송회의 일원으로 참여하게된 것을 시작으로 배운 금강경읽기와 바치는 공부는 현재까지 이어져 내 삶을 지탱하는 힘이 되고 있다. 부처님의 가르침을 배움으로서 나는 물질적으로 뿐만 아니라 정신적으로도 풍요로울 수 있었다.

아는 만큼 즐길 수 있다고 했던가. 백선생님의 가르침은 미숙하고 어린 나를 불법의 세계로 인도해 주었고, 나는 깨달은 이의 한없는 자유로움과 행복을 어렴풋이나마 짐작할 수 있음에 행복했다.

글재주 없는 내가 선시를 모아 시집을 내고자 마음먹게 된 것도 백선생님의 오도송을 접하며 느낀 희열을 전하고 싶어서이다. 당시에 나는 불교에도 문외한이었고 백선생님의 큰 가르침을 감히 이해할 수 없었던 무지몽매한 중생에 지나지 않았다. 백선생님의 오도송은 그런 나에게조차 가사를 알 수 없는 아름다운 음악으로 다가와 내 무명을 밝히는 등불이 되었다.

불교를 알아갈 수록 선사들이 남긴 선시들은 아름다운 음률이 되고 밝은 빛이 되어 나를 행복하게 했다. 선사들이 선시를 지어 깨달음의 기쁨을 나눴듯이, 미천한 재주이지만 그동안 즐겨 보던 선시들을 엮어서 뜻을 풀어보았다.

불자로서 선시읽기의 즐거움을 인연이 닿는 모든 사람들과 나누고 싶은 바램에서 시작한 책이다. 하지만 막상 책으로 엮어 세상에 내놓으려니 부끄러움이 앞선다. 그저 현대에 와서 잊혀져 가고 있는 선사들의 아름다운 깨달음의 노래를 널리 알리고자 하는 노력의 일환으로 봐주셨으면 한다.

불교가 위대한 이유는 나를 알아가는 것으로 모든 괴로움에서 벗어남을 가르치기 때문이다. 선사들의 깨달음의 노래는 나와 세상의 실체를 깨달았기에 모든 집착에서 벗어난 대자유인의 청정한 원이다.

나라는 존재의 실체가 없음을 깨달으면 집착할 것이 없고 그러니 괴로울 것도 없다. 미래를 두려워할 필요도 과거에 괴로워 할 이유도 없다. 그러니 지금 여기에만 온전히 머물 수 있는 것이다.

선사들은 그래서 깨달음의 노래를 불렀다. 자연의 아름다움을 노래하고 향긋한 차 한 잔의 여유에 감사했다. 맑은 달빛 아래서 즐거워했고 시원한 소슬바람에 황홀해 했다. 선시에 유독 아름다운 자연을 노래한 내용이 많은 것은 이런 연유에서가 아닐까.

끝으로 이 책이 나오기까지 도움을 주신 여러분에게 감사를 드린다. 먼저 나를 불교로 인도해 선시를 알게 해주었고 이 책이 나오는 데도 격려와 조언을 아끼지 않은 정천구 박사께 감사드린다. 흔쾌히 출판을 맡아 준 도서출판 혜명의 정정자 사장에게 감사드리며 윤문에 힘써준 최윤희양에게도 고마움을 전하고 싶다. 글을 다듬는 것을 도와줬을 뿐 아니라 선시가 이렇게 감동적인 것을 처음 알았다고 한 최윤희양의 말이 큰 격려가 되었다.

아울러 이 책을 읽는 모든 이들이 부처님의 가피가 함께 하시여 무시겁으로 지은 업보업장을 모두 해탈탈겁하고 밝게 지혜 밝혀서, 세세생생 부처님 시봉 밝은 날과 같이 복 많이 짓기를 발원해본다.

백성욱 박사께서 읊으신 오도송을 한 수 옮겨 적는 것으로 졸문을 맺을까 한다.

靑山綠水恁閒者
청 산 록 수 임 한 자

這是今明上院人
저 시 금 명 상 원 인

푸른산 맑은 물은 한가롭게 흐르는데
바로 지금 이곳이 극락인의 경지로구나

2007년 11월 겨울의 문턱에서

김양경

차례

| 이 책을 펴내며 | · 4

제1장 집을 떠나며 · 19

출가한 황제 · 20

출가시 순치황제 · 26
주인공 임제선사 · 38
성내지 말라 문수동자게 · 40
자비심의 방편 천동굉지 · 42
출가한 자여 서로 다투지말라 진각혜심 · 44
보슬비 진각혜심 · 46
청산은 날 보고 나옹화상 혜근 · 48
스님과 밤에 앉아서 김시습 · 50
물가의 현란한 연꽃 인오선사 · 52
내생을 알려면 법화경 · 54
마주 앉았다 임제 · 56
길 떠나는 그대에게 기암법견 · 58
꿈속에서 영월청학 · 60
좌선하는 스님 취미수초 · 62

제2장 깨달음의 길 · 64

진리의 비단길을 따라 걷다 · 66

파밀고원을 넘으며 혜초 · 78

대림사의 복숭아꽃 백거이 · 80

꽃에 취하여 이상은 · 82

매화 향기가 그렇게 진한 까닭은? 황벽선사 · 84

강에 눈 내리고 류종원 · 86

어느 봄날 아침에 맹호연 · 88

가을밤의 노래 왕유 · 90

종남산 별장 왕유 · 92

푸른 숲 짙은 그늘 위산영우 · 94

슬픈 봄 이하 · 96

맑은 정취 최충 · 98

금석암 대각의천 · 100

문수사 대감탄연 · 102

산에서 노닐며 진각혜심 · 104

못을 거닐며 진각혜심 · 106

스스로 탄식하며 진묵일옥 · 108

그대 얼굴 가을달이여 편양언기 · 110

비 개인 암자 일선정관 · 112

산에 살면서 부휴선사 · 114

현풍사 운곡충휘 · 116

제3장 깨달음의 기쁨 · 118

깨달은 이들의 해학(諧謔) · 120

향로봉에 올라 청허휴정 · 130

초가집 청허휴정 · 132

부용대사 찬시 청허휴정 · 134

손님을 기다리며 진정천책 · 136

한가로움 원감충지 · 138

구름과 함께 태고보우 · 140

도인의 삶 벽송당 · 142

숭(嵩)스님의 운율을 따라 허응보우 · 144

서릿발 같은 칼날 휘둘러 청매인오 · 146

문수의 얼굴 소요태능 · 148

서로 만나 말이 없는 곳 허백명조 · 150

길손에게 월봉책헌 · 152

참선하는 자의 삶 무용당 수연 · 154

백봉을 보내며 허정법종 · 156

여시거사에게 묵암대사 · 158

한바탕 웃음 침굉현변 · 160

헛된 이름 설암추봉 · 162

혜공에게 천경혜원 · 164

산에 사는 연담유일 · 166

제4장 깨달음의 노래 · 168

내 무명을 밝히는 깨달음의 노래 · 170

마음을 깨침 원효대사 · 180

대승신기소론 중에서 원효 · 182

법을 전하는 게송 제다가 · 184

증도가 영가현각 · 186

해 바퀴 굴러서 진각혜심 · 188

신령스러운 빛은 진각혜심 · 190

있다 없다 진각혜심 · 192

오도송 백파선사 · 194

대나무 치는 소리 향엄선사 · 196

산위의 달 석옥청공 · 198

지공화상께 드림, 여덟 백운경한 · 200

게송 1 함허선사 · 202

게송 2 함허선사 · 204

소요당 시 소요당 · 206

술을 마주하며 백거이 · 208

열반송 태고보우 · 210

깨달음의 노래 서산대사 · 212

✽ 일러두기
원문에 제목에 없는 선시는 시의 내용을 참작하여 엮은이가 한글 제목을 달았다.

촛불은 그 밝기만큼만 어둠을 스러지게 하지만 더 이상 밝아 질수없을 만큼
눈부신 광채는 어둠의 존재자체를 없앤다.
부처님이 밝히신 진리의 등불이 이와 같은 광명이리라.
당신은 어느 빛을 따라갈 것인가? 온 우주를 밝히는 찬란한 빛인가, 아니면 촛불의 희미함인가?
무엇에 의지하여 우리네 인생의 어둠을 밝힐 것인가.

제1장 집을 떠나며

❈ 출가한 황제

사람의 삶이 괴롭고 고달픈 근본적인 이유가 무엇일까?

부처님은 이 질문의 해답을 찾아내신 유일한 분이다. 많은 사람들이 부처님께 귀의하고 그 가르침을 따르는 이유도 여기에 있다. 부처님보다 명쾌하게 이 세상의 실체와 인생, 나라는 존재에 대한 해답을 제시한 성인을 우리는 알지 못한다.

세상의 무수한 빛 중에는 촛불도 있고 태양도 있을 것이다. 어느 빛을 따라가더라도 당신 안의 어둠을 밝히는 데는 도움이 되리라. 밝은 만큼 어둠은 줄어들 것이기에.

촛불은 그 밝기만큼만 어둠을 스러지게 하지만 더 이상 밝아 질 수 없을 만큼 눈부신 광채는 어둠의 존재자체를 없앤다. 부처님이 밝히신 진리의 등불이 이와 같은 광명이리라. 당신은 어느 빛을 따라갈 것인가? 온 우주를 밝히는 찬란한 빛인가, 아니면 촛불의 희미함인가? 무엇에 의지하여 우리네 인생의 어둠을 밝힐 것인가.

부처님은 모든 고(苦:괴로움)의 원인을 무명이라고 하셨다. 무명(無明)은 모른다는 것이다. 즉 모르기 때문에 괴로운 것이 인생이다. 결국 이 괴로움에서 벗어나는 길은 온전히 알아가는 것이다. 이 세계의 실상과 나라는 존재의 실상을 말이다. 지금은 희미한 촛불일지 몰라도 그 촛불을 하나씩 밝혀 갈수록 어둠은 걷힐 것이다. 그것이 사람의 몸을 받아 세상에 나왔으면 열심히 공부를 해야 하는 이유이다. 부처님이 밝히신 진리의 등불로 무명을 밝혀나가야 한다. 인생의 괴로움을 걷어낼 유일한 해답이 바로 여기에 있다.

해탈 탈겁하여 열반에 오르신 부처님의 경지를 흉내 내지는 못하더라도 부처님의 설법을 등불삼아 이 세상이 무엇인지, 내가 누구인지 알아야 우리의 인생을 온전히 누릴 수 있을 것이다.

부처님께서는 인도 카빌라 왕국의 왕자로 태어나셔서 당시 최고의 스승들로부터 최상의 교육을 받으신 분이었다. 세세생생을 거듭하여 쌓은 공덕으로 태어날 때부터 천재에 가까운 수재이시기도 했다. 이렇게 전생의 공덕과 현생의 정진을 통해 최상의 깨달음인 정각을 얻으신 분이다. 부처님의 설법을 이해한다면 깨달음이라는 것이 현생의 노력만으로는 이룰 수 없음을 짐작할 수 있다.

부처님께서도 전생에 이루어 놓은 선업과 공부가 바탕이 되어 세세생생 윤회를 거듭하며 진화한 끝에 성불 하셨듯이, 사람마다 그 근기가 다르고 똑같이 노력을 해도 얻는 깨달음의 깊이가 다르다. 기독교에서는 이것을 달란트라고 설명한다. 각자가 신께 부여받은 재능의 종류와 깊이에 차이가 있다는 뜻이다.

전생의 나는 대체 어떤 사람이었기에 현생의 나로 태어났을까? 현생에서 내가 잘하는 일은 전생에서부터 세세생생을 거듭해 익힌 결과물인지도 모른다. 모차르트가 그 좋은 예이다. 모차르트의 천부적인 재능을 현생을 통한 노력으로 성취된 것으로 볼 수 있을까? 서너 살짜리 꼬마아이가 누가 가르쳐주지도 않은 소곡을 연주하고 작곡하는 것을 무엇으로 설명할 것인가. 음악에 평생을 바친 어느 무명 작곡가가 모차르트로 환생하여 한풀이를 했다고 생각될 정도이다. 현재의 나라는 존재는 이렇게 전생의 나와 미래의 나를 이어주는 다리의 역할을 하는지도 모른다.

이러한 전생을 깨닫고 진정한 나를 찾아가는 과정이 불교이다.

그 해답이 부처님의 설법이요 진리의 등불이다. 불가에서 많이 회자되고 있는 순치황제의 출가시도 이러한 불교의 진리를 찾아가는 여정을 감동적으로 그리고 있어 심금을 울리기에 간략히나마 소개하고자 한다.

순치황제는 중국 청나라의 세 번째 임금으로 우리나라의 세종대왕에 버금가는 성군으로 추앙받는 황제인데 그 호가 순치이다. 황제는 전생에 인도의 수도승으로 있었는데 백성들이 그 나라 임금님의 폭정에 시달리자, 수행(선정)가운데 나 자신이 왕이었다면 백성을 위하여 바른 정치를 할 것이거늘, 하고 찰나 생각을 한 인과로 중국 제왕의 몸을 받아 태어났다고 한다. 7살에 자금성의 주인이 된 순치제는 어려서부터 학문을 좋아하여 고전에서부터 소설까지 두루 섭렵하였다. 또한 불교를 좋아하여 불경읽기를 즐겼다고 전해진다. 순치황제는 우리나라 땅덩이의 45배가 넘는 중국에서 출가하기까지 18년 동안의 임기 중에 단 하루도 쉴 새 없이 싸워서 중원을 통일하는 업적을 이루어냈다.

하지만 그러한 정복전쟁을 통해 얼마나 많은 사람이 죽었겠는가. 천하의 대업을 이루었으나 18년의 왕 노릇이 너무도 힘들었다는 출가시의 한 대목에서 순치제의 고뇌를 엿볼 수 있다. 천하를 호령하는 주인이었기에 짊어져야할 고뇌의 무게가 더 컸으리라. 예로부터 그토록 많은 영웅호걸들은 다 어디가고 동서남북에 모두 흙이 되어 흩어졌다는 순치제의 탄식이 심금을 울린다. 백년의 부귀영화와 만리강산의 주인이 된들 인간의 몸을 받았으면 반드시 죽게 마련이다. 아무리 화려했던 인생도 죽어서는 한줌의 흙으로 남을 뿐이다. 인생이 괴로운 원인은 결국 죽음으로 귀결된다. 죽음으로 끝이 나기에, 죽음을 해결하지 않고서는 그 두려움에서 벗어날 수 없는 것이다.

…태어날 때는 기쁘나 죽을 때는 슬픈 것,
　공연히 인간 세상에 와서 한바탕 요란하게 살다가네, 차라리 오지 말고 가지도 않는다면 기쁨도 없고 슬픔도 없을 것을…

－순치황제 출가시 중에서－

　부처님께서 제왕의 자리를 버리고 나라는 존재에 대한 해답을 얻기 위해 출가하셨듯이 순치황제도 모든 것을 털어내고 산으로 돌아갔다.

내가 누구인가? 태어나기 전의 나는 누구이며 태어난 후의 나는 또 누구인가?

부처님이 깨달으신 해답은 태어난 적이 없으니 죽을 것도 없다는 것이다. 시간과 공간, 미래와 과거라는 것은 모두 내가 존재한다는 전제하에 생겨난 개념이다. 내가 없으면 이 모든 것도 존재하지 않는다. 양자 물리학이 설명하는 세계의 실상도 이와 같다. 관찰자에 따라 현상은 다르게 나타난다. 모든 현상을 좌우하는 것은 관찰자의 존재여부이다. 여기서 관찰자를 '나'(자아)로 바꾸면 불교가 과학이 된다.

순치황제는 한바탕 꿈과 같은 18년간의 임금 생활을 접고 본래 태어나지 않은 자리로 돌아갔다. 출가하여 오대산으로 들어간 뒤에 32세의 나이로 입적하였다고 전해져 오는데 분명한 기록은 찾아 볼 수 없다. 다만 몇 백 년이 넘게 전해 내려오는 출가시를 통해 순치황제가 그 모든 구속을 벗고 진정한 자유의 세계에서 선정에 이르렀으리라 짐작해 볼 뿐이다.

출가시 _ 순치황제

천하가 수행 처이고 산은 음식과 같으니
발우가 이르는 곳이 임금의 반찬이네
황금이나 좋은 집만이 귀하다 여기지 마소
오직 어려움이 있다면 승복을 입는 것이니

짐은 다만 산하대지의 주인이어서
나라와 백성을 사랑하는 일이 걱정될 뿐이다
백년은 삼만 육천일이나
승가의 반나절에 미치지 못하네

出家時
출가시

天下叢林飯似山
천하총림반사산

鉢盂到處任君餐
발우도처임군찬

黃金白壁非爲貴
황금백벽비위귀

惟有袈裟被最難
유유가사피최난

朕乃山河大地主
짐내산하대지주

愛國憂民事轉煩
애국우민사전번

百年三萬六千日
백년삼만육천일

不及僧家半日閑
불급승가반일한

- 順治皇帝(순치황제, 1638~1661): 中國(중국) 淸(청)나라 3대 황제 세종을 말한다. 어린나이에 황제가 되어 18년 동안 재위에 있다 출가했다.

- 【叢林(총림)】 - 우거진 숲, 많은 승려가 모여서 수행하는곳을 이르는 말. 승려와 속인이 함께 모여 화합하여 한곳에 머무는 것을 비유한말)
- 【朕(짐)】 - 나, 임금이 자기 자신을 낮추는 말
- 【百年三萬六千日(백년삼만육천일)】 - 사람이 아무리 오래 산다고 하여도 헤아려 보면 사람의 일생이 어이없이 짧다는 말)

| 제 1장 집을 떠나며 |

당초 한 번의 그릇된 생각을 후회하고
황포를 자주 빛 승복으로 바꿔 입었네
나는 본래 서방 정토의 승려이었는데
무슨 연유로 황실에 태어났던가

태어나기 전에 누가 나이고
태어난 후 나는 누구인가
장성하여 잠시 내가 되고
눈 감으면 몽롱하니 또 누구인가

• 출가시_순치황제

悔恨當初一念差
회 한 당 초 일 념 차

黃袍換却紫袈裟
황 포 환 각 자 가 사

我本西方一衲子
아 본 서 방 일 납 자

緣何流落帝王家
연 하 류 낙 제 왕 가

未生之前誰是我
미 생 지 전 수 시 아

我生之後我爲誰
아 생 지 후 아 위 수

長大成人暫是我
장 대 성 인 잠 시 아

合眼朦朦又是誰
합 안 몽 몽 우 시 수

· 【閑(한) – 틈, 짬, 한가하다】
· 【却(각) – 해버리다, 하고 말다】
· 【不及(불급) – 약속하거나 시간이 미치지 못하는 것】
· 【黃袍(황포) – 노란색 옷감으로 지은 황제의 예복】
· 【衲子(납자) – 승려가 자기 자신을 낮추는 말】
· 【流落(유락) – 타향살이】
· 【朦朦(몽몽) – 흐릿하다, 어렴풋하다, 모호하다.】

29

백년의 세상일들은 한 밤의 꿈이요

만리萬里 강산은 장기판이라

우禹왕이 구주九州를 나누나

탕湯왕이 걸桀왕을 멸망케 하고

진시황이 육국을 멸하고 한나라를 일으켰네

자손들은 스스로의 복을 타고 나니

자손을 위한다고 말과 소 노릇은 하지 말지어다

예부터 많은 영웅들은 동서남북에 흙이 되어 누워있네

百年世事三更夢
백 년 세 사 삼 경 몽

萬里江山一局碁
만 리 강 산 일 국 기

禹疏九州湯大桀
우 소 구 주 탕 대 걸

秦呑六國漢登基
진 탄 육 국 한 등 기

兒孫自有兒孫福
아 손 자 유 아 손 복

莫爲兒孫作馬牛
막 위 아 손 작 마 우

古來多少英雄漢
고 래 다 소 영 웅 한

南北東西臥土泥
남 북 동 서 와 토 니

- 【局碁(국기) - 장기판】
- 禹(우) - 중국 전설상의 하(夏)왕조 시조. 요(堯)의 치세에 대홍수가 발생하여 섭정인 순(舜)이 그에게 치수(治水)를 명하였다. 천하를 9주로 나누고 공부(貢賦)를 정하였으며 재위 후, 나라 이름을 '하'로 고쳤다.
- 【大桀(대걸)】 - 중국 하나라의 마지막 왕. 은나라의 탕왕에게 멸망하였다. 은나라의 주왕과 더불어 동양 폭군의 전형으로 불린다】
- 【秦(진) - 한나라의 시조】
- 【六國(육국) - 장양왕(莊襄王) 때에 주(周)나라를 멸하였으며, 진왕(秦王) 정(政)(시황제)에 이르러 한(韓)·조(趙)·위(魏)·연(燕)·제(齊)의 순으로 육국(六國)을 멸망(滅亡)시켜 천하(天下)를 통일(統一)함】

올 때는 기쁘나 갈 때는 슬프니

부질없이 인간세계에 와서

한 바퀴 걷고 가는구나

오지 않는 것 또한 가지 않는 것만 못하니

기쁨이 없으면 슬픔 또한 없다네

매일 도를 닦아 나를 깨달으니

번거로운 속세와 괴로움의 상을 떠나네

時來歡喜去時悲
시 래 환 희 거 시 비
空在人間走一回
공 재 인 간 주 일 회
不如不來亦不去
불 여 불 래 역 불 거
也無歡喜也無悲
야 무 환 희 야 무 비
海日潰閑自家知
해 일 궤 한 자 가 지
紅塵世界苦相離
홍 진 세 계 고 상 이

- 【潰(궤) – 이루다, 성취하다】
- 【紅塵(홍진) – 속세(俗世)의 티끌, 번거롭고 속된 세상(世上)】
- 【苦相(고상) – 고뇌 찬 얼굴, 고통스러워하는 얼굴】

입으로 먹는 음식은 정갈한 맛이요
몸 위에는 거친 흰 승복을 입으나
온 세상에 귀한 손님이 되어
불당과 궁궐을 자유롭게 거닐도다
출가한 객이여 도를 쉽게 얻으려 하지마라
예부터 누대에 걸쳐 내린 토대가 중하다네

口中吃的淸和味
구 중 흘 적 청 화 미
身上原被白衲衣
신 상 원 피 백 납 의
五湖四海爲上客
오 호 사 해 위 상 객
逍遙佛殿任君樓
소 요 불 전 임 군 루
莫道出家客易得
막 도 출 가 객 이 득
昔年累代重根基
석 년 누 대 중 근 기

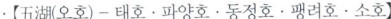

- 【五湖(오호)】 - 태호·파양호·동정호·팽려호·소호】
- 【四海(사해)】 - 사해, 사방의 바다. 즉, 동해·서해·남해·북해를 일컬음. (옛날, 중국 사람들은 바다가 사방으로 중국을 둘러싸고 있다고 여긴데서 온 명칭)】
- 【逍遙(소요)】 - 소요하다, 자적(自適)하여 즐기다, 아무런 구속도 받지 않다, 자유롭게 거닐다】
- 【昔年(석년)】 - 옛 날, 과거】
- 【累代(누대)】 - 여러 세대】
- 【根基(근기)】 - 뿌리를 내린 터전】

십팔년이 흐르는 동안 자유는 없었다
강산에 큰 전쟁으로 쉴 날이 있었던가
내 오늘 손을 털고 산으로 돌아가니
천만 가지 근심 걱정 아랑곳 할 일 없네

十八年來不自由
십 팔 년 래 불 자 유
山河大戰幾時休
산 하 대 전 기 시 휴
我今撒手歸山去
아 금 철 수 귀 산 거
那管千愁與萬愁
나 관 천 수 여 만 수

주인공_임제선사

어느 곳이든지 주인이 되면

지금 그 곳이 그대로 진리

隨處作主
수 처 작 주

立處皆眞
립 처 개 진

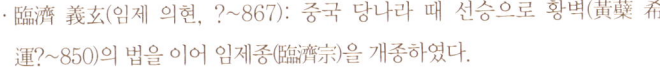
- 臨濟 義玄(임제 의현, ?~867): 중국 당나라 때 선승으로 황벽(黃蘗 希運 ?~850)의 법을 이어 임제종(臨濟宗)을 개종하였다.

- 【隨(수) – 맡기다, 따라가다】
- 【皆(개) – 다, 모든, 두루】

성내지 말라 _문수동자게

성 안내는 그 얼굴이 참다운 공양구요

부드러운 말 한 마디 미묘한 향이로다

그 마음에 성 안냄이 진실한 보배이며

깨끗하고 티 없음은 부처님 참 모습일세

無瞋
무 진

面上無瞋供養具
면 상 무 진 공 양 구
口裡無瞋吐妙香
구 리 무 진 토 묘 향
心裡無瞋是眞實
심 리 무 진 시 진 실
無染無垢是眞常
무 염 무 구 시 진 상

· 문수동자게(文殊童子偈): 중국 당나라 화엄종의 무착(無着)스님이 오대산에서 문수보살의 동자에게 들었다고 전해지고 있다.

· 【瞋(진) – 성내다】
· 【供養(공양) – 불(佛), 법(法), 승(僧)의 삼보(三寶)나 죽은 이의 영혼에게 음식, 꽃 따위를 바치는 일, 또는 그 음식】
· 【裡(리) – 안, 속마음】
· 【染(염) – 오염되다】
· 【垢(구) –티끌, 때 묻다】

자비심의 방편 _천동굉지

자비로움은 유익한 일이 로니
부딪치는 곳마다 공부가 있다
소리와 형상이 따라 변화에 응하니
둥근 쟁반에 구슬이 굴러 가네

慈悲方便事
자 비 방 편 사

慈悲方便事
자 비 방 편 사

觸處有工夫
촉 처 유 공 부

應變隨聲色
응 변 수 성 색

團團盤走珠
단 단 반 주 주

· 天童宏智(천동굉지, 1091~1157): 중국 송(宋)나라의 스님. 산서성 사람으로 조동종의 묵조선을 대성하였다. 단하 자순 선사의 문하에서 수학하여 깨닫고 대해종고와 함께 송대(宋代)에 대표적인 선승이다.

· 【慈悲(자비) - 남을 사랑하고 가엾게 여김】
· 【方便(방편) - 편리하다, 유익하다】
· 【觸(촉) - 부딪치다, 마음과 외물이 만나 일어나는 형상】
· 【應(응) - 응하다, 받다, 필요에 맞추어 행동하다】
· 【隨(수) - 따르다】
· 【變(변) - 변하다, 달라지다】
· 【團團(전전) - 동그랗다】
· 【珠(주) - 구슬, 진】

출가한 자여 서로 다투지말라 _진각혜심

눈꺼풀은 삼천계를 뒤 덮고

콧구멍은 백억신을 담아둔다

사람마다 장부이거늘 누가 뜻을 굽힐까

청천백일에 사람을 헐뜯지 마라

出山相讚
출 산 상 찬

眼皮盖盡三千界
안 피 개 진 삼 천 계
鼻孔盛藏百億身
비 공 성 장 백 억 신
箇箇丈夫誰受屈
개 개 장 부 수 수 굴
青天白日莫謾人
청 천 백 일 막 만 인

- 眞覺國師 慧諶(진각국사 혜심, 1178~1234): 고려의 승려로 보조국사 지눌(知訥)에 이어 조계종 2세이다. 저서에 《선문염송(禪門拈頌)》 등이 있다.

- 【盖(개) - 덮다, 덮개】
- 【盡(진) - 다되다, 비다】
- 【三千界(삼천계) - 수미산(須彌山)을 중심으로 이루어진 하나의 세계를 모은 것을 하나의 소천세계(小千世界)라하고, 이것을 천개 모은 것을 하나의 중천세계(中天世界), 또 이것을 천개 합친것을 대천세계(大天世界)라함】
- 【盛(성) - 물건을 용기에 담다】
- 【藏(장) - 숨기다, 간직하다】
- 【百億身(백억신) - 百億化身의 준말, 백억이나 되는 석가의 화신】
- 【青天白日(청천백일) - 맑게 갠날】
- 【莫(막) - ~해서는 안된다】

보슬비 _진각혜심

조용히 내리는 가랑비에 하늘의 비밀이 흘러나오고
불어오는 청풍에 조사의 뜻이 모두 드러나네
허나 세상의 흐름은 관할지언정 따지지마라

上堂法語
상 당 법 어

細雨霏微天機已洩
세 우 비 미 천 기 이 설
淸風淡蕩祖意全彰
청 풍 담 탕 조 의 전 창
但觀時節不要商量
단 관 시 절 불 요 상 량

- 【細雨(세우) - 가랑비】
- 【微(미) 숨기다, 하다】
- 【機(기) - 기밀, 비밀】
- 【洩(누) - 새다, 비밀이 흘러 나오다】
- 【淡(담) - 묽다, 담백하다】
- 【蕩(탕) - 쓸어버리다, 흩어지다】
- 【彰(창) - 드러내다, 밝다】
- 【時節(시절) - 일정한 때, 세상형편】
- 【商量(상량) - 상의하다, 의논하다】

청산은 날 보고 _나옹화상 혜근

청산은 날보고 말없이 살라하고

창공은 날보고 티 없이 살라하네

사랑도 벗어두고 미움도 내려놓고

물같이 바람같이 살다가 가라하네

青山兮要我以無語
청 산 혜 요 아 이 무 어
蒼空兮要我以無垢
창 공 혜 요 아 이 무 구
聊無愛而無憎兮
료 무 애 이 무 증 혜
如水如風而終我
여 수 여 풍 이 종 아

- 懶翁和尙 惠勤(나옹화상 혜근, 1320~1376): 고려 말의 고승으로 지공(指空)스님과 함께 절강 평산(平山)스님에게서 공부하고 귀국하여 보우와 함께 임제종의 선풍을 선양하였다.

- 【兮(혜)– 고대시가에 많이 쓰이는 조사】
- 【以(이) – ~로부터】
- 【垢(구) –티끌, 때】
- 【聊(료) – 잠시, 잠깐】
- 【憎(증) –미움】

스님과 밤에 앉아서 _김시습

밝고 둥근 반달이 침상을 비추면
작은 두레박에 차를 달이며 향불을 지핀다
마음 다스림이 같으니 운치도 그러하네
검고 흰 것을 생각으로 헤아리지 말라

與僧夜坐
여 승 야 좌

半輪明月照西床
반 륜 명 월 조 서 상

小鑵煎茶熱炷香
소 관 전 다 열 주 향

共是操心同一致
공 시 조 심 동 일 치

莫將玄白錯商量
막 장 현 백 착 상 량

· 金時習(김시습, 1435~1493): 유교와 불교를 함께 공부한 조선 전기의 학자로 세조의 왕위찬탈을 보고 속세를 등진 생육신의 한 사람이다. 한국 최초의 한문소설 《금오신화》의 작자이며 《산거백영》을 썼다.

· 【輪明月(윤명월)】 – 밝고 둥근 구름 한 조각】
· 【小鑵(소관)】 - 차를 달이는 작은 두레박】
· 【煎(전)】 – 달이다, 졸이다】
· 【炷香(주향)】 – 향을 피우다】
· 【操心(조심)】 – 마음쓰다, 애쓰다】
· 【莫(막)】 – ~하지말라, ~해서는 안된다】

물가의 현란한 연꽃 _측천무후

물가의 안개처럼 보드랍고 현란한 연꽃

장락궁 내 종소리 끊겨 밤은 깊은데

쇠감방과 아름다운 옥방도 관여하지 않고

서리바람 같이 엄중하여 통할 길 없네

水邊烟膩亂芙蓉
수 변 연 이 난 부 용

長樂種波夜正中
장 락 종 파 야 정 중

金鎖玉房都不管
금 쇄 옥 방 도 불 관

風嚴霜重路雜通
풍 엄 상 중 로 잡 통

- 則天武后(측천무후, 625~705): 중국 사상 유일한 여성황제. 당나라 3대 고종의 황후로 고종이 죽은 후 690년 국호를 주로 고치고 한 때 황제가 되었다. 이 시는 그녀가 혜안(慧安) 국사와 신수(紳秀) 대사를 궁중에 불려 궁녀를 시켜 목욕시켰는데 전혀 흐트러짐이 없음을 찬탄한 시다.

- 【長樂(장락) – 중국 한나라 때 장락궁을 말함. 이곳에 태후가 거처한 장신궁(長信宮)이 있었다】
- 【膩(니) – 매끈하다, 깨끗하다】
- 【烟(연) – 연기】
- 【芙蓉(부용) – 연꽃】
- 【正中(정중) – 한가운데】
- 【嚴霜(엄상) – 늦가을에 아주 되게 내리는 서리】
- 【重(중) – 심하다】

내생을 알려면 _법화경

전생의 일을 알고자 한다면
금생에 받는 일이 그것이며
내생의 일을 알고자 한다면
금생에 하는 일이 그것이다

法華經
법 화 경

欲知前生事
욕 지 전 생 사
今生受者是
금 생 수 자 시
欲知來生事
욕 지 내 생 사
今生作者是
금 생 작 자 시

- 法華經(법화경): 묘법연화경(妙法蓮華經)을 줄인 불경의 명칭이다. 대승불교의 가장 중요한 경전 중의 하나이며 모든 법은 하나로 귀일되며 누구나 불성이 있어 부처가 될 수 있다는 중요한 내용을 담고 있다.

- 【欲(욕) - ~하고자한다】
- 【者(자) - 형용사나 동사 또는 형용사구나 동사구 뒤에 쓰여 그러한 성질을 가지고 있거나 동작을 하는 사람이나 사물을 가리킴】

마주 앉았다 _임제

새 한 마리도 울지 않는 곳에
두 사람이 한가로이 마주 앉아 있구나
속세의 관과 법복
두 가지로 나누어 보지마라

相對
상 대

一鳥不鳴處
일 조 불 명 처
二人相對閑
이 인 상 대 한
塵冠與法服
진 관 여 법 복
莫作兩般看
막 작 양 반 간

- 林悌(임제, 1549~1587): 조선 중기의 시인이며 문신으로 예조정랑(禮曹正郎)과 지제교(知製敎)를 지냈으나 당파싸움을 개탄하여 명산을 찾아다니다. 37세 요절하였다. 《한우가(寒雨歌)》라는 유명한 문답집을 남겼다.

- 【鳴(명) – 울다】
- 【閑(한) – 한가롭다】
- 【塵冠(진관) – 속세의 관】
- 【與(여) – 친하게 지내다, ~와】
- 【般(반) – 종류, 방법, 가지】

길 떠나는 그대에게 _기암법견

올해는 작년 보다 더 가난해서
그 자리에서 당신께 줄 물건도 없구려
다만 서쪽 뜰아래 측백나무를 선물하노니
때때로 잊지 않게 책을 묶으세요

仍師求語作句贈之
잉 사 구 어 작 구 증 지

今年貧甚去年貧
금 년 빈 심 거 년 빈

無物臨行可贈君
무 물 임 행 가 증 군

惟付西來庭下栢
유 부 서 래 정 하 백

時時着意又書紳
시 시 착 의 우 서 신

- 奇巖法堅(기암법견, 1552~1634): 조선 선조 때의 승려로서 법명은 법견, 호는 기암이다. 임진왜란 당시 의병장으로 활동하였으며 많은 승려, 군수, 유생 등과 교환한 한시 등을 모은 《기암집(奇巖集)》이 유명하다.

- 【臨行(임행) - 그 자리에 감】
- 【付(부) - 주다】
- 【惟(유) - 다만, 단지】
- 【栢(백) - 측백나무(정원수나 울타리용으로 심으며 잎과 열매는 약용한다. 중국이 원산지로 한국, 일본 등지에 분포한다)】
- 【着意(착의) - 잊지 않도록 마음에 새겨 둠】
- 【紳(신) - 묶다】

꿈속에서 _영월청학

꿈속에서 꿈 이야기 정말 웃기니
흙 위에 진흙 더함은 더욱 안 될 일이다
묵묵히 문수의 영구한 세월을 대하니
염화미소 그마저 부질없구나

送僧蓬來
송 승 봉 래

夢中說夢誠可笑
몽 중 설 몽 성 가 소

土上加泥事轉非
토 상 가 니 사 전 비

默對文殊千古正
묵 대 문 수 천 고 정

拈花微笑一時私
념 화 미 소 일 시 사

- 詠月靑學(영월청학, 1570~1654): 조선 중기의 고승. 법명은 청학이고 호는 영월이다. 유교의 교리에도 밝아 선비와 관직에 있는 사람들과 글을 주고받았다. 1661년 징광사에서 간행한 영월대사문집이 있다.

- 【誠(성) – 참으로】
- 【轉(전) – 더욱】
- 【文殊(문수) – 문수(文殊) 보살(菩薩)의 준말. 석가(釋迦) 여래(如來)의 왼편에 있는 보살(菩薩). 지혜(智慧)를 맡았다고 함】
- 【千古(천고) – 먼 옛날, 영구(永久)한 세월(歲月)】
- 【拈花微笑(염화미소) – 말로 통하지 아니하고 마음에서 마음으로 전하는 일. 석가모니가 영산회(靈山會)에서 연꽃 한 송이를 대중에게 보이자 마하가섭만이 그 뜻을 깨닫고 미소 지으므로 그에게 불교의 진리를 주었다는데서 유래 했음】

좌선하는 스님 _취미수초

청산은 조용하고 경치 또한 그윽한데
그 속에서 비고 밝은 참 마음을 얻었네
구름은 뜰에 가득하고 인적은 끊겼는데
석양 무렵 성근 빗발 서쪽 숲을 지나가네

坐禪僧
좌 선 승

青山默默景沈沈
청 산 묵 묵 경 침 침
體得禪家宴寂心
체 득 선 가 연 적 심
雲自滿庭人不到
운 자 만 정 인 불 도
夕陽疎雨過西林
석 양 소 우 과 서 림

· 翠微守初(취미수초, 1590~1668): 조선시대에 각성(覺性)의 제자로 법을 이었다. 당시 유학자들과도 폭넓은 교류를 하였으며 후학을 가르치는데 힘을 기울였다. 《취미시집(翠微詩集)》등의 문집이 있다.

· 【默默(묵묵) - 아무말 없이 잠잠하다】
· 【沈沈(침침) - 초목 따위가 무성한 모양】
· 【體得(체득) - 몸소 체험하여 알게 됨】
· 【禪家(선가) - 불교, 참선하는 중, 참선하는 집】
· 【宴寂(연적) - 편안하게 입적(入寂)함, 불교에서 스님의 죽음을 가리킴】
· 【疎雨(소우) - 뚝뚝 성기게 내리는 비】

부처님의 생애는 길에서 시작하여 길에서 끝이 났다고 할 만큼 구도와 설법으로 가득한 여정이었다.
45년의 생애를 걸쳐 한사람에게라도 더 진리의 설법을 전하시고자
고된 노정을 마다하지 않으신 분이 부처님이셨다.
그러기에 제자들은 부처님 열반 후에도 스승을 애틋하게 그리워했고
부처님이 남기신 발자취를 따라가고자 깨달음의 길을 걸었다.

제2장 깨달음의 길

❁ 진리의 비단길을 따라 걷다

　실크로드는 수천 년 역사의 발자취가 아로 새겨진 길이다. 고대로부터 동서양이 만나는 길이였기에 미지의 세계로 통하는 관문과도 같았다. 시작도 끝도 없이 펼쳐진 황금빛 비단길은 그 너머의 신세계에 대한 열망으로 가득한 나그네들의 무대였다.

　어느 시인이 노래했듯이 오아시스를 품고 있기에 아름답다는 사막이지만 밤의 장막이 드리우면 시간도 공간도 존재하지 않는 칠흑 같은 사지(死地)로 변했다. 목숨을 담보로 이 끝도 없는 여정에 올랐던 이들은 오늘날에도 우리의 역사책에서, 그리고 전해 내려오는 신비한 이야기들로 회자되곤 한다.

　아름다운 비단과 진귀한 금은보화를 가득 싣고 동서양의 관문을 오고 갔던 '역마살' 가득한 이들의 전설 같은 일화가 전해 오는가 하면, 오직 '진리'의 성지를 찾아 떠난 구도자들의 순례기가 심금을 울리기도 한다.

무엇이 그들로 하여금 새 찬 모래바람과 사막의 어둠에 맞서 생사를 넘나드는 여정을 걷도록 했을까? 산과 바다, 그리고 사막이라는 자연의 장벽이 절대적이었던 그 옛날에도 '우물 안 개구리'로 살기를 거부한 사람들이 있었다는 말로는 설명이 부족한 듯 싶다.

목숨을 담보로 실크로드를 건너는 것이 상인들에게는 막강한 부와 권력을 안겨줬음이 틀림없어 보인다. 동양에서 전해진 비단과 도자기 그리고 금은보화는 훌륭한 무역의 수단이 되었음이 분명하고, 지금도 그렇지만 신세계를 오고가며 얻은 정보는 그 어떤 금은보화만큼이나 값진 소득이었으리라.

하지만 실크로드를 이야기할 때 빼놓을 수 없는 주인공들은 따로 있다. 바로 더욱 험난한 길을 걸었으되 견문기까지 남겨놓은 승려들이다. 서유기의 삼장법사의 모델로 유명한 현장의 대당서역기(大唐西域記) 같은 방대한 저술은 십 수 년이 걸린 오랜 여정을 저술한 결과이다. 당의 의정의 대당서역구법고승전(大唐西域

求法高僧傳)을 보면 육로로 23명이 천축행을 하였고 티베트를 경유하여 천축으로 갔다는 구법승만해도 8명이나 된다고 한다. 기록에 남아있는 구도승들만 해도 3세기에서 11세기까지 약 180명이 된다고 하니 이외에도 얼마나 많은 순례자들이 부처님의 발자취를 찾으러 이 길을 걸었겠는가.

부처님을 '여래' 라고 칭하는 것은 글자 그대로는 "이렇게 오셨다"고 풀 수 있지만 '진리에서 오신 분' 이란 뜻도 된다. 부처님이 깨달으신 진리는 한결같고 불생불멸하는 것이니 부처님의 근본자리는 오는 곳도 없고 가는 곳도 없는 불생불멸의 자리를 말한다. 따라서 여래의 뜻도 '오신 곳도 가신 곳도 없는 분' 이라 하겠다. 윤회의 수레바퀴를 벗어나서 열반에 드신 분이기에 그 존재는 이 우주 공간 어디에도 흔적이 없다. 부처님의 한없는 자비와 깨달음의 광명은 온 세상을 밝게 비추고 있지만 부처님이 가신 곳으로 가지 않는 한 우리는 그 분을 뵈올 수 없다.

생사를 넘나들며 모래사막을 건너간 현장과 의왕, 그리고 이름 모를 수백 명의 구도자들의 마음도 이와 같지 않았을까. 너무나 그리운 스승님을 향한 존경과 감사의 마음으로 그분의 발자취나마 따라가려 구도의 길에 오른 것이었으리라. 이미 차안으로 피

안에 계신 분을 모셔올 수가 없기에 그 분의 행적이나마 따라가고자 목숨을 건 여행길에 오른 이들의 먹먹하고도 감격에 벅찬 여정을, 우리는 그들이 남긴 견문록으로나마 엿볼 수 있다.

그 중에도 으뜸은 오만리나 되는 천축으로의 여정을 초인과 같은 의지로 홀로 걸었다는 우리의 혜초 스님이 아닌가 한다.〈왕오천축국전〉(往五天竺國傳)이라는 아름다운 순례기로 역사에 길이 남겨진 혜초스님의 천축 여행기는 타 견문록과는 여러 면에서 차별점이 있다.

먼저 혜초는 당시 무명의 젊은 승려로 어떤 후원이나 동료도 없이 혈혈단신으로 그 험난한 실크로드의 여정을 다녀왔다는 점에서 초인적이라 평가한다. 또한 그가 남긴 〈왕오천축국전〉은 타 승려나 구도자들의 여행기와는 달리 그 문체가 아름답고 사이사이에 들어간 다섯 수의 시는 부처님의 나라를 찾아가는 젊은 구도승의 맑고도 가슴 아린 열정으로 가득하여 읽는 이의 심금을 울린다. 비록 돈황에서 수천 년을 잠들어 있다가 운명적으로 발견됨으로써 그 일부가 소실되어 완전한 원본이 전해지고 있지는 않지만, 젊은 구도자의 진실함만큼이나 공들여 쓰인 견문록으로서 파본으로서도 그 가치는 타의 추종을 불허한다고 평가되고 있다.

혜초스님은 문수보살을 필두로 하는 밀교의 대표 승으로 꼽히나 왕오천축국전을 남긴 천축 행을 할 당시에는 젊은 나이로 밀교에 심취했던 것으로 여겨지지는 않는다. 당시의 혜초는 불문에 심취하여 부처님의 가르침을 좀 더 생생하게 배울 수 있는 서역으로 가서 공부를 하고자했던 젊은 승려였다.

왕오천축국전을 남겨야 할 운명이었을까. 혜초는 당시 불교학의 본산이며 세계 최고의 대학인 나란다(Nalanda)의 입학시험에서 낙방을 하게 되었고 부처님이 남기신 발자취나마 따라가고 싶은 마음에 천축으로 가는 여정에 오른다. 바로 8대 불적을 순례하는 길에 오른 것인데 천축으로 가는 길은 배를 타고 건너는 것이었으나 돌아오는 길은 생사를 넘나드는 험로였다.

180여명의 구법승 가운데 혜초 홀로 중화문화권에서는 유일한 변방의 나라 사람이었다는 점, 그리고 당시 혜초가 중국말도 능숙하지 못했고 현지 언어에는 더욱 깜깜한 너무도 젊고 대책 없는 승려였다는 점에서 그의 여행길이 얼마나 고되고 힘들었을지 짐작 할만하다.

혜초는 항해를 거듭하여 인도차이나 반도를 지나 천축에 도달했다. 인도의 캘커타의 거리를 걸었을 것이고 갠지스 강의 물로 오랜 여독을 풀었으리라. 부처님께서 위없는 깨달음-아뇩다라삼먁삼보리를 얻으신 그 보리수 아래서 한없는 환희심을 느낀 혜초는 그 감격을 한편의 시로 남기기도 했다. 부처님께서 왕자의 몸으로 출가하신지 6년 만에 깨달음을 얻으신 부다가야에서 혜초는 더 없이 행복한 나날들을 보냈으리라.

부처님은 우주의 진리와 나 자신의 실체에 대한 깨달음을 얻으신 후에 이것을 타인에게 전해야 할지에 대해 49일 동안 주위를 서성이며 고민하셨다고 한다.

그 이유를 정확히 알 수는 없지만 추측해 볼 수는 있다.

불교의 방대한 경전들이 그 답이다. 팔만대장경에 들어있는 법화경, 천수경, 금강경, 반야심경 등에 이르기까지 어느 종교보다도 방대한 경전들은 모두 부처님이 득도하신 후에 평생을 바쳐 설법하신 말씀을 모아 놓은 것이다.

부처님 열반 후에 제자들에 의해 기록된 설법으로써 모든 경전은 '여시아문(如是我聞)', 즉 '나는 이와 같이 들었다'로 시작한다. 부처님이 얻으신 깨달음은 한없이 높은 지혜와 극도로 치열한 사유를 거듭하여 얻어진 불변의 진리로서 마치 퍼즐을 맞춰가듯 이 세상과 나(자아)라는 존재의 실체를 설명하고 있다. 추측하

건데, 위없는 깨달음을 얻으신 부처님께서는 세계의 실상을 깨달으셨지만 이러한 어려운 경지를 어떻게 효과적으로 더 많은 중생들에게 전달할 것인지 그 교수법을 고민하느라 49일의 시간동안 을 보리수만 바라보며 생각에 잠기셨던 게 아닐까.

'생겨난 적이 없는 우주'는 현재의 가장 발달된 학문으로 인정받는 양자물리학이 설명하는 세계의 실상이다. 부처님이 설법하신 세계의 실상도 이와 같다. 불생불멸(不生不滅)- 즉 생겨난 적이 없으니 없어질 것도 없다는 말씀이다. 물질에 대한 정의도 그러하다. 물질의 본질은 비물질성이라는 물리학의 정수는 벌서 수천 년전의 부처님의 말씀인 '색즉시공 공즉시색(色卽是空 空卽是色)'을 되풀이 하고 있다. 이러한 경지의 깨달음을 당시의 고대인들에게 전할 방법을 연구하기에는 49일의 선정도 짧은 기간이었으리라.

부처님의 생애는 길에서 시작하여 길에서 끝이 났다고 할 만큼 구도와 설법으로 가득한 여정이었다. 45년의 생애를 걸쳐 한사람에게라도 더 진리의 설법을 전하시고자 고된 노정을 마다하지 않으신 분이 부처님이셨다. 그러기에 그의 제자들은 부처님 열반 후에도 스승을 애틋하게 그리워했고 그 일화들은 지금도 전해져 심금을 울린다. 그들은 스승을 너무도 그리워한 나머지 경전을 집대성하고 그 분의 모습이나마 기리고자 불상을 만들었다.

혜초는 그의 왕오천축국전에서 부처님이 열반에 드신 쿠시나가르에대해 비교적 상세히 기록해 놓고 있다. 그의 글을 통해 8세기 전반 인도의 불교가 어떠했는지를 가늠해 볼 수 있음은 물론 열반에 드신 장면을 그려 봄직 하다.

부처님이 육체라는 껍질을 벗고 열반에 드신 이유는 모든 사람의 몸을 받아 나온 운명이 그러하듯 육체가 그 기능을 다했기 때문이다. 젊어서 극도의 고행으로 인해 위장을 많이 상한데다 득도 후에 수십 년간 설법을 하시느라 험한 여정을 마다하지 않으셨으니 팔십수를 누리신 것도 기적과 같은 일이였으리라.

부처님은 말라(malla)왕국의 쿠쉬나가르 동산에 도착하여 사라(Sara)나무 사이에 자리를 깔고 누우셔서 열반에 드셨다고 한다. 보석공 쿤다라는 이가 공양한 돼지우리간에서 자생하는 일종의 버섯요리를 드시고는 배탈이 나신 터였다. 사인은 이 배탈의 원인이었던 일종의 식중독으로 추정되고 있다. 젊었을 적 고행으로 인해 위가 많이 손상된 데다 이러한 식중독은 치명적이었을 것이다. 그럼에도 불구하고 부처님은 임종 시까지 법문을 청하는 수행자에게 마지막 설법을 하시고 열반에 드셨다.

"자등명 법등명(自燈明法燈明)하라" 부처님께서 마지막으로 남기신 유명한 설법이다. 바로 자신을 등불삼고 법을 등불삼아 정진하라는 가르침이다. 사람의 몸을 받아 이 세상에 왔기에 죽음을 피할 수는 없음을 온 몸으로 보여주신 분이 부처님이시다. 다른 어느 성인보다도 자연스럽게 죽음을 받아들이신 분이다. 부처님께서는 죽음의 실상을 아셨고 세상의 실상을 깨달으셨기에 두려움 없이 죽음을 받아들이셨을 것이다. 나지도 않았기에 멸할 것도 없음을 아셨기에 차안(此岸)을 건너 피안(彼岸)의 세계로 가셨다.

그러한 부처님의 아름다운 여정을 따라 걷고자 생사를 초월한 길을 다녀온 젊은 혜초의 견문록은 그래서 더욱 아름답고 감동적이다. 부처님의 열반지까지 순례를 마친 혜초는 어서 장안으로 돌아가 자신이 보고 느낀 것을 도반들과 그리고 스승님과 나누고 싶은 마음에 설레였을 것이다. 하지만 장안으로 돌아가는 길은 험난한 역경의 시작이었다.

혜초의 다섯 편의 시중 하나인 '파밀고원을 넘으며'는 이러한 혜초의 절박한 심정을 담은 한탄인 듯하여 간략하게 나마 소개해 볼까 한다.

파밀고원은 현재 인도, 파키스탄, 중국, 아프간, 타지키스탄, 키르기스탄 등이 분할하여 통치하고 있는 지구상에서 가장 높고 넓은 '세계의 지붕'이라 불리는 곳이다. 힌두쿠시, 카라코람, 쿤룬, 히말라야 산맥같은 세계의 기둥이라 불리는 산맥들이 겹쳐져 있는 곳으로 만년설이 쌓인 고봉들 사이로 드넓게 펼쳐진 고원이다. 파미르 고원은 동서양을 연결하는 실크로드의 분수령에 해당되기에 천축을 방문하고자 하는 승려들과 상인들에게는 필수적인 관문이었다고 한다.

동물조차도 찾아보기 힘든 험준한 고원이기에 이름 모를 숱한 여행자들이 미처 꿈을 이루지 못하고 이곳에서 숨을 거두었다. 그 절절한 사연이야 이루 말할 수 있을까. 기록에 남은 승려들의 마지막 이야기는 수천 년을 지나서도 전해 내려오며 읽는 이의 탄식을 자아낸다.

이 험난한 파미르 고원 앞에서는 초인과 같은 의지로 성지순례를 마친 혜초조차도 고개를 떨구고 만다. "파미르 고원을 어떻게 넘을 것인가?" 한탄조 섞인 혜초의 독백이 생생히 들려오는 듯하다. 대자연의 장벽 앞에 숙연해 지는 인간의 심정이 이런 것일까.

……용문은 폭포조차 끊어지고

우물테두리엔 또아리 튼 뱀처럼 얼음이 엉키었네

횃불을 들고 땅 끝에 서서 노래를 부르니

저 파밀고원을 어떻게 넘어갈까

-혜초의 파밀음 중에서-

부처님의 가호가 있었던 것일까. 혜초는 역경 끝에 무사히 파밀고원을 넘어 카슈카르에 이르렀다. 가장 멀리 떨어진 중국의 국경도시였던 카슈카르는 타림분지의 최대 요충지로 알려져 있다. 타림분지는 타클라마칸 사막으로 유명한데 이는 "한번 들어가면 나올 수 없는 사막"이라는 뜻이다. 죽음의 사막이라는 별칭을 가진 이곳은 서쪽으로는 파미르가 막혀있고 동쪽으로는 타원형의 사막을 두고 남북으로 띠 같은 초원이 펼쳐져 있다. 이곳을 연결하는 길이 바로 실크로드이다.

실크로드는 이렇듯 생사를 초월한 이들만이 건너다닐 수 있는 험난한 여정이었으나 뜻이 있는 자에게는 그 문을 열어주었다. 혜초는 젊은 나이로 실크로드를 통해 천축에서 부처님의 발자취를 찾았고 이를 계기로 역사에 길이 남은 〈왕오천축국전〉을 저술했다. 이것은 혜초스님이 남긴 유일한 기록으로 오늘날까지 전해 내려온다.

만년에 혜초는 불공삼장을 스승으로 모셔서 그의 뒤를 잇는 6대 제자의 한명이 되어 밀교경전을 번역하는 일에 전념하였다. 또한 대종 황제의 칙명으로 나라의 기우제를 지낼 정도로 추앙받는 승려로 자리매김한다.

불법에 대한 환희심으로 미지의 세계를 찾아가는 젊은 혜초의 고뇌와 기쁨, 그리고 불법에 대한 한없는 열정으로 빛나는 작품이 천년의 잠에서 깨어 우리에게 온 것은 돈황 석굴이 발굴된 20세기 초의 일이다. 프랑스의 학자 펠리오는 그 수많은 유물과 서책 더미 속에서 앞뒤가 잘려나간 짧은 두루마리의 필사본의 가치를 알아본 사람이었다. 그에 의해 젊은 혜초의 수작은 먼지를 털어내고 〈왕오천축국전〉이라는 제 이름을 찾았다. 실크로드라는 마법의 길이 안내해 준 것 이었을까.

파밀고원을 넘으며 _혜초

차가운 눈은 얼음과 함께 겹쳐지고

찬바람은 땅을 세차게 때려 쪼갠다

넓은 바다 얼어붙어 평평한 단이 되고

강물은 벼랑을 범하여 깍아내리네

용문은 폭포조차 끊어지고

우물테두리엔 또아리 튼 뱀처럼 얼음이 엉키었네

횃불을 들고 땅 끝에 서서 노래를 부르니

저 파밀고원을 어떻게 넘어갈까

播密吟
파 밀 음

冷雪牽氷合
냉 설 견 빙 합

寒風擘地烈
한 풍 벽 지 열

巨海凍墁壇
거 해 동 만 단

江河凌崖嚙
강 하 릉 애 교

龍門絕瀑布
룡 문 절 폭 포

井口盤蛇結
정 구 반 사 결

伴火上胲歌
반 화 상 해 가

焉能度播密
언 능 도 파 밀

- 慧超(혜초, 704~787): 신라의 고승으로 금강지와 함께 밀교를 연구하였으며 인도에 구법여행 후 왕오천축국전리라는 불후의 명작을 남겼다.
- 【墁(만) – (벽돌이나 흙 따위를) 땅에 깔다】【凌(릉) – 침범하다】
- 【崖(애) – 벼랑, 기슭】【嚙(교) – 침식하다, 깨물다】【伴(반) –동반하, 모시다】
- 【龍門(용문) – 중국 황허강(黃河江) 중류에 있는 여울목. 잉어가 이곳을 뛰어오르면 용이 된다고 전하여진다】【結(결) – 엉키다, 응결하다】【盤(반)– 빙빙 돌다, 또아리를 틀다】
- 【胲(해) – 엄지발가락, 엄지발가락에 난 털, 시에서는 땅을 의미함】
- 【播密(파밀) – 중앙아시아 남동쪽 대산계(大山系)와 고원】

대림사의 복숭아꽃 _백거이

인간의 4월은 꽃향기가 다 되어 사라지지만
산사의 복숭아꽃은 활짝 피기 시작했네
봄이 지는 게 늘 안타깝지만 찾을 길이 없어
나도 모르게 이 산사에 들어와 있구나

大林寺桃花
대 림 사 도 화

人間四月芳菲盡
인 간 사 월 방 비 진

山寺桃花始盛開
산 사 도 화 시 성 개

長恨春歸無覓處
장 한 춘 귀 무 멱 처

不知轉入此中來
부 지 전 입 차 중 래

- 백거이(白居易) | 772~846년 중국 중당 기(中唐期)의 시인. 자 낙천(樂天). 호 취음선생(醉吟先生)·향산거사(香山居士). 주요 저서에는 《장한가(長恨歌)》, 《비파행(琵琶行)》 등이 있다.

- 【芳(방) - 향기풀, 향기, 좋은 냄새】
- 【菲(비) - 쇠퇴하나】
- 【盡(진) - 다되다, 비다, 끝이 나다】
- 【盛開(성계) - (꽃이)만발하다, 활짝피다】
- 【長(장) - 길게, 오래도록】
- 【覓(멱) - 찾다, 구하다】
- 【轉(전) - 옮기다, 움직이다, 변하다】
- 【此(차) - 이곳, 이에, 여기서는 시내용산 절을 가리킴】

꽃에 취하여 _이상은

향기로운 꽃을 찾다 나도 모르게 노을에 취하여

나무에 기대어 잠드니 이미 해는 저물었네

술은 흘려버리고 깨어보니 깊은 밤이 구나

다시 초를 들고 시들어진 꽃향기를 맛본다

花下醉
화 하 취

尋芳不覺醉流霞
심 방 부 각 취 류 하

倚樹沈眠日已斜
의 수 침 면 일 이 사

客散酒醒深夜後
객 산 주 성 심 야 후

更持紅燭賞殘花
갱 지 홍 촉 상 잔 화

- 李商隱(이상은, 812~858) 당대 수사주의문학(修辭主義文學)의 극치를 보여준 중국 만당(晚唐)의 시인. 주요 저서에는 《이의산시집(李義山詩集)》, 《번남문집(樊南文集)》 등이 있다.

- 【尋(심) - 찾다, 생각하다】
- 【芳(방) - 향기풀, 좋은 냄새 꽃향기】
- 【霞(하) - 놀(저녁놀・아침놀), 아득하다】
- 【流(류) - 퍼지다, 흐르다】
- 【倚(의) - 의지하다, 치우치다】
- 【沈(침) - 가라앉다, 빠지다】
- 【斜(사) - 기울다, 삐둘어지다, 시에서는 해가기운다는 의미】
- 【燭(촉) - 촛불, 등불】
- 【賞(상) - 맛보다】
- 【殘(잔) - 죽이다, 멸망시키다】

매화 향기가 진한 까닭 _황벽선사

번뇌를 벗어나기란 예삿일이 아닐지니
화두를 꼭 잡고 한바탕 공부할 지어다
추위가 한번 뼈에 사무치지 않는다면
어찌 코를 찌르는 매화향을 맡을 수 있으리오

梅花香
매 화 향

塵勞迥脫事非常
진 로 형 탈 사 비 상
緊把繩頭做一場
긴 파 승 두 주 일 장
不是一番寒徹骨
불 시 일 번 한 철 골
爭得梅花撲鼻香
쟁 득 매 화 박 비 향

· 黃檗(황벽)선사: 당(唐) 무종과 대종 시대에 활동하던 선사로서 마조, 백장의 법맥을 이어 임제에게 전하였다. 시호는 단제, 탑호는 광업 배휴가 편집한 《전심법요》 등에 그의 법문이 실려 있다.

· 【塵勞(진로) – 속세의 근심】
· 【迥(형) – 아주, 대단히, 멀다】
· 【脫(탈) – 여의다, 벗기다】
· 【緊(긴) – (바짝) 죄다, 짚다】
· 【把(파) – 잡다】
· 【繩(승) – 먹줄, 법도, 잘못을 바로잡다】
· 【徹(철) – 통하다, 뚫다】
· 【寒(한) – 오싹하다, 전율하다】
· 【爭(쟁) – 어찌, 어떻게 하여】
· 【撲(박) – 가지다, 소유하다】

강에 눈 내리고 _류종원

온 산에 새들이 날아다니지 않고

모든 길엔 사람의 흔적이 사라졌네

외로운 배에 도롱이 두르고 삿갓 쓴 노인

눈 내리는 추운 강에서 홀로 낚시질하네

江雪
강 설

千山鳥飛絕
천 산 조 비 절

萬逕人蹤滅
만 경 인 종 멸

孤舟簑笠翁
고 주 사 립 옹

獨釣寒江雪
독 조 한 강 설

· 柳宗元(류종원) 자구(字句)의 완숙미와 표현의 간결성과 정채함이 뛰어났던 중당기(中唐期)의 시인. 대표작으로 《천설(天說)》, 《비국어(非國語)》, 《봉건론(封建論)》 등이 꼽힌다.

· 【絕(절) – 끊다, 없애다】
· 【逕(경) – 길】
· 【蹤(종) – 발자취, 흔적, 종적】
· 【舟(주) – 배】
· 【孤(고) – 외로운, 홀로】
· 【簑(사) – 도롱이 우장(雨裝)의 하나. 짚이나 띠 따위로 엮어, 흔히 농촌 사람들이 일할 때 어깨에 걸쳐 두름】
· 【笠(립) – 삿갓】

어느 봄날 아침에 _맹호연

봄의 노곤한 잠은 새벽이 온 것도 모르고

여기저기 새 지저귐 들려오네

지난 밤 들려오는 비바람소리

꽃은 얼마나 떨어졌을까?

春曉
춘 효

春眠不覺曉
춘 면 불 각 효

處處聞啼鳥
처 처 문 제 조

夜來風雨聲
야 래 풍 우 성

花落知多少
화 락 지 다 소

· 孟浩然(맹호연, 689~740) 전원생활과 자연의 정취를 노래한 중국 당나라의 시인. 여기의 《춘효(春曉)》가 유명하다. 주요 저서로 《맹호연집》 4권이 있다.

· 【春眠(춘면) - 봄철 노곤한 잠】
· 【處處(처처) - 곳곳에서】
· 【啼(제) - 지저귀다】

가을밤의 노래 _왕유

달이 막 떠오르고 가을 이슬은 살며시 내려앉는데
비단옷은 이미 얇건만 아직 갈아입고 싶지는 않네
깊은 밤 은쟁을 은근히 타보며
텅빈 방이 두려워 차마 돌아가지 못하고 있네

秋夜曲
추 야 곡

桂魄初生秋露微
계 백 초 생 추 로 미

輕羅已薄未更衣
경 라 이 박 미 경 의

銀箏夜久殷勤弄
은 쟁 야 구 은 근 롱

心怯空房不忍歸
심 겁 공 방 불 인 귀

· 王維(왕유, 701~761) 당 중기 이백, 두보와 함께 3대 시성의 한 사람이라 불리는 시인. 유마경을 애송하여 별호를 왕마힐이라 함. 대표작으로 녹채(鹿柴) 조명간(鳥鳴澗) 등이 있다.

· 【桂魄(계백)】 - 달을 달리 부르는 말, 달 속에 계수나무가 있다는 전설에 나온 말】
· 【輕羅(경라)】 - 가볍고 얇은 비단】
· 【銀箏(은쟁)】 - 은으로 만든 쟁, 고전(古典) 현악기(絃樂器)의하나 모양이 대쟁(大箏)과 같은데, 열 세 줄의 명주실로 만듬】
· 【殷勤(은근)】 - 정취가 깊고 그윽하다】
· 【弄(농)】 - 만지다, 다루다, 놀다】
· 【忍(인)】 - 차마 못하다】

종남산 별장 _왕유

중년에 이르러 매우 도를 좋아하게 되어
늘그막에 남산 기슭에 집을 짓게 되었네
흥이 날 때면 매번 홀로 오르니
아름다운 하늘은 나만 알 뿐이네

걷다가 물줄기가 다한 곳에 이르러 앉아
구름이 일어나는 그때를 바라고 있다
우연히 숲에서 노인을 만나게 되어
얘기하며 웃느라 돌아갈 줄 모르네

終南別業
종남별업

中歲頗好道
중 세 파 호 도

晚家南山陲
만 가 남 산 수

興來每獨往
흥 래 매 독 왕

勝事空自知
승 사 공 자 지

行到水窮處
행 도 수 궁 처

坐看雲起時
좌 간 운 기 시

偶然值林叟
우 연 치 림 수

談笑無還期
담 소 무 환 기

- 【頗(파) - 부사어로 '자못, 꽤, 매우 몹시'의 의미가 있음】
- 【好道(호도) - 왕유가 佛道를 좋아한다는 뜻】
- 【勝事(승사) - 훌륭한 일, 좋은일을 뜻하나 시에서는 경치가 아름답거나 훌륭하다는 의미】
- 【空(공) - 하늘】
- 【窮(궁) - 다하다, 끝나다, 끝】
- 【値(치) - 만나다】

푸른 숲 짙은 그늘 _위산영우

푸르른 물, 짙은 그늘의 여름날은 긴데

누대의 그림자는 연못에 잠기었네

수정발은 산들바람에 흔들리고

장미울타리 가득하니 온 정원이 향기롭네

綠水陰濃
녹 수 음 농

綠水陰濃夏日長
녹 수 음 농 하 일 장
樓臺到影入池塘
루 대 도 영 입 지 당
水晶簾動微風起
수 정 염 동 미 풍 기
萬架薔薇一院香
만 가 장 미 일 원 향

· 潙山靈祐(위산영우, 771~853 중국) 선종(禪宗)의 5가(五家)의 하나인 위앙종을 연 선사. 백장회해(百丈懷海)의 법을 이었으며 그의 전기와 행적은《위산영우어록(潙山靈祐語錄)》등에 기록되어 있다.

· 【樓臺(누대) - 층 구조의 높고 평평한건물】
· 【簾(염) - 창문에 걸어 놓는 발이나 커튼】
· 【微風(미풍) - 미풍, 산들바람】
· 【架(가) - 물건을 얹기 위해 두 개의 나무로 만든 것】

슬픈 봄 _이하

봄 햇살 드리운 성긴 나뭇가지는 쓸쓸함이 묻어나고

꽃도 나를 애달파 하는구나

느릅나무를 뚫고 명아주 풀이 솟아오르고

버들잎은 춤추는 아이의 허리처럼 떨어진다

막 위에 올라 제비를 맞이하고

명주실에 근심을 담아 날려 보낸다

호금 소리는 오늘의 한限인 듯

박달나무 기러기 발 비파를 급하게 타네

感春
감 춘

日暖自蕭條
일 난 자 소 조

花悲北郭騷
화 비 북 곽 소

榆穿萊子眼
유 천 래 자 안

柳斷舞兒腰
유 단 무 아 요

上幕迎神燕
상 막 영 신 연

飛絲送百勞
비 사 송 백 로

胡琴今日恨
호 금 금 일 한

急語向檀槽
급 어 향 단 조

· 이하(791~817) 중국 중당(中唐) 때의 시인으로 주요 작품에는 《장진주(將進酒)》,《안문태수행》,《소소소의 노래》 등이 있다.

· 【蕭(소) - 쓸쓸하다, 성기다】【條(조) - 가지, 나뭇가지】
· 【騷(소) - 명사로 시인, 시의 흐름상 작자 본인을 뜻함】
· 【榆(유) - 누릅나무】
· 【萊(래) -명아주, 높이 1m정도의 마름모꼴의 선홍색을 띤 작은풀】
· 【神(신) - 신비롭다, 신, 불가사의하다】
· 【胡琴(호금) - 호금, 악기의 일종】【檀(단) -박달나무】
· 【槽(조) - 음식이나 물등을 담는 용기】

맑은 정취_최충

뜰에 가득한 달빛은 연기 없는 촛불이요
자리에 드리운 산 빛은 기약 없는 손님일세
솔바람 소리 있어 청아하게 울리니.
이런 맑은 정취를 어찌 말로써 전하랴

滿庭月色無煙燭
만 정 월 색 무 연 촉
入座山光不速賓
입 좌 산 광 불 속 빈
更有松弦彈譜外
갱 유 송 현 탄 보 외
只堪珍重未傳人
지 감 진 중 미 전 인

- 崔冲(최충, 984~1068) 고려의 문신. 문장과 글씨에 능하여 해동공자로 불렸다. 《칠대실록》 편찬에 참여했으며 고려 형법의 기틀을 마련했다. 사숙을 열어 많은 인재를 배출했는데 이를 문헌공도(文憲公徒)라 했다.

- 【庭(정) - 마당, 뜰】
- 【座(좌) - 산을 세는 단위 속 빈】
- 【松弦(송현) - 소나무로 만든 현악기】
- 【彈(탄) - 튕기다, 악기를 연주하다】
- 【譜外(보외) - 일반적인】
- 【堪(감) - 견디다, 뛰어나다】
- 【傳(전) - 전하다, 말하다】

금석암 _대각의천

이끼는 얼룩져 비단결 같고

상서로운 바위들은 병풍 같이 둘렸네

거기 노승이 그림 같이 기대어

긴 안목으로 신령한 성품을 닦네

金石庵
금 석 암

老苔班似錦
노 태 반 사 금

瑞石列如屏
서 석 열 여 병

時有高僧倚
시 유 고 승 의

長眼養性靈
장 안 양 성 령

- 大覺義天(대각의천, 1055~1101) 고려시대의 승려로 천태종(天台宗)의 개조(開祖). 대각국사(大覺國師)는 시호. 고려 제11대 문종의 넷째아들로 태어났다. 신편제종교장총록의 편찬을 비롯해 '원종문류', '석원사림', '대각국사문집' 등의 저서를 남겼다.

- 【苔(노) - 이끼】
- 【班(반) 이어지다 반】
- 【似(이), 如(여) - 같다, 닮다】
- 【瑞(서) - 상서로운, 좋은】
- 【屏(병) - 병풍 가리다】
- 【僧(승) - 중, 마음이 편안한 모양】
- 【倚(의) - 의지하다, 치우치다 】
- 【性靈(성령) - 목숨, 수명, 영혼】
- 【眼(목) - 안목, 관찰력】

문수사 _대감탄연

방은 어찌 텅 비워져 있는가
번잡한 세상 인연 모두 끊겼네
돌 틈 사이로 길이 나 있고
샘물은 구름을 뚫고 떨어지네

밝은 달은 기둥에 걸리었고
서늘한 바람은 숲을 움직이네
누가 저 큰 스님 따라
진정한 풍류를 배우겠는가

文殊寺
문 수 사

一室何寥廓
일 실 하 료 곽

萬緣俱寂寞
만 연 구 적 막

路穿石罅通
로 천 석 하 통

泉透雲根落
천 투 운 근 락

晧月掛詹楹
호 월 괘 첨 영

凉風動林壑
량 풍 동 림 학

誰從彼上人
수 종 피 상 인

淸坐學眞樂
청 좌 학 진 락

- 大鑑坦然(대감탄연, 1070~1159): 왕사를 지낸 고려의 승려이자 서예가. 《청평사문수원중수비(淸平寺文殊院重修碑)》 등의 작품집을 남겼다.
- 【廖(료) - 공허하다】
- 【寂寞(적막) - 고요하고 쓸쓸하다】
- 【俱(구) - 함께】【罅(하) - 빈틈, 갈라터지다.】
- 【晧(호) - 밝다, 빛이 나는 모양】
- 【掛(괘) - 걸다, 걸어놓다】【楹(영) - 기둥, 둥글고 굵은 기둥】
- 【詹(첨) - 이르다, 도달하다】【壑(학) - 산골짜기, 도랑】
- 【上人(상인) - 존귀한 사람】

산에서 노닐며 _진각혜심

내려다보이는 시냇물에 나의 발을 씻고
산을 바라보니 내 눈이 맑아지는구나

영욕에 사로잡혀 꿈꾸지 않고 있느니
이것 외에 다시 무엇을 구하랴

遊山
유 산

臨溪濯我足
임 계 탁 아 족

看山淸我目
간 산 청 아 목

不夢閑榮辱
불 몽 한 영 욕

此外更何求
차 외 갱 하 구

- 眞覺慧諶(진각혜심, 1178~1234): 고려 후기의 고승으로 시호는 진각국사이다. 보조 국사 지눌(知訥)을 이어 조계산 제2세(世)가 되었다. 『진각국사어록(眞覺國師語錄)』, 『선문염송(禪門拈頌)』, 『무의자시집(無衣子詩集)』 등의 저술이 있다.

- 【臨(임) - 내려다보다, 비추다】
- 【溪(계) - 시냇물, 산골짜기】
- 【濯(탁) - 씻다】
- 【淸(청) - 사념이 없다, 탐욕이 없다】
- 【閑(한) - 막다, 막히다, 가로막다】
- 【榮辱(영욕) - 영예와 치욕, 영광스런 영예】

못을 거닐며_진각혜심

솔바람에 소나무소리 일어나고
엄숙하고 고요한 그 푸르름이 슬프네
환한 달빛 비추니 마음이 물결치고
매우 맑게 뜨니 티끌도 없어라

보고 듣는 것에 기분이 나빠지니
휘파람 흥얼거리며 홀로 노닐다가
흥이 다하여 조용히 앉아보니
마음은 죽어 불 꺼져가는 재와 같네

池上偶吟
지 상 우 음

微風引松籟
미 풍 인 송 뢰

肅肅淸且哀
숙 숙 청 차 애

皎月落心波
교 월 락 심 파

澄澄浮無埃
징 징 부 무 애

見聞殊爽快
견 문 수 상 쾌

嘯詠獨徘徊
소 영 독 배 회

興盡却靜坐
흥 진 각 정 좌

心寒如死灰
심 한 여 사 회

· 【籟(뢰) – 울림, 소리】
· 【肅肅(숙숙) – 엄숙하고 고요하다】【且(차) – 또】
· 【哀(애) – 슬프다, 불쌍하다】【皎(교) – 달빛, 밝다】
· 【波(파) – 물결이 일어나다, 예기치 않은 변화】
· 【埃(애) – 티끌, 먼지, 세속】【殊(주) – 끊어지다, 단절되다】
· 【嘯(소) – 휘파람 불다】【詠(영) – 읊다, 노래하다】
· 【徘徊(배회) – 노닐다】【盡(진) – 다 되다, 끝나다】

스스로 탄식하며 _진묵일옥

하늘은 이불, 땅은 자리, 산은 베개 삼고
달은 촛불, 구름은 병풍, 바다는 술 단지로 삼는다
크게 취하여 일어나 춤을 추니
오히려 긴 소매 자락이 곤륜산에 걸릴까 하노라

自嘆
자 탄

天衾地席山爲枕
천 금 지 석 산 위 침

月燭雲屛海作樽
월 촉 운 병 해 작 준

大醉居然仍起舞
대 취 거 연 잉 기 무

却嫌長袖掛崑崙
각 혐 장 수 괘 곤 륜

- 震默一玉(진묵일옥): 조선 명종, 선조 때 서산대사와 동시대의 스님이다. 풍류기담으로 살아있을 때 생불로 추앙받았으며 많은 이적을 보여주었다고 한다. 승려로 살았으면서도 모친에 대한 효가 극진했다고 한다.

- 【席(석) - 깔다, 자리】
- 【爲(위) - 간주하다, ~하다】
- 【樽(준) - 술통, 술 단지】
- 【居然(거연) - 의외로 뜻밖에】
- 【嫌(혐) - 싫어하다】
- 【袖(수) - 소매】
- 【掛(괘) - 걸다, 걸리다】
- 【崑崙(곤륜) - 중국 전설에 나오는 산】

그대 얼굴 가을달이여 _편양언기

금색 가을 하늘의 달은

밝은 빛이 시방을 비추고

중생의 본마음 청정하여

어디서나 맑은 빛을 떨치는구나

奉示安禪蓮卿
봉 시 안 선 연 경

金色秋天月
금 색 추 천 월

光明照十方
광 명 조 시 방

衆生水心淨
중 생 수 심 정

處處落淸光
처 처 락 청 광

· 鞭羊彦機(편양언기, 1581~1644): 조선의 승려로서 12세에 출가하여 19세에 도를 깨쳤다. 서산대사의 마지막 제자이며 임진왜란 때 평양성에서 전쟁고아들을 돌보기도 했다. 그의 시문들은 《편양답집》에 실려 있다.

· 【十方(십방) - 사방, 上下를 일컫는 말】
· 【淨(정) - 깨끗하다, 맑다】
· 【衆生(중생) - 불교에서 모든 생명을 일컫음】
· 【水心(수심) - 강이나 물의 한가운데】

비 개인 암자 _일선정관

비 그친 남악에 푸른 안개 걷히고
산 빛은 예와 같이 오래된 절을 대하고 있네
홀로 앉아 정관하니 마음이 맑아지는데
반평생 어깨에 무거운 나무를 매고 있었구나

山堂雨後
산 당 우 후

雨收南岳捲青嵐
우 수 남 악 권 청 람
山色依然對古菴
산 색 의 연 대 고 암
獨坐靜觀心思淨
독 좌 정 관 심 사 정
半生肩掛七斤杉
반 생 견 괘 칠 근 삼

- 一禪靜觀(일선정관, 1533~1608): 조선의 승려로 성은 곽이고 연산 출신이다. 휴정 서산대사의 4대 제자 중 한 사람이다. 승려가 의승군으로 참여하는데 대해 비판적이었다. 저서로 《정관집》 1권이 있다.

- 【收(수) - 그치다】
- 【杉(삼) - 삼나무】
- 【南岳(남악) - 형산산(중국 오악(五嶽) 가운데 하나), 산시성(山西省) 부부에 있는 산】
- 【捲(권) - 휩쓸다, 걷다】
- 【古菴(고암) - 오래된 절】
- 【然對(의연) - 의연하다, 전과 다름없이】
- 【靜觀(정관) - 조용히 사물(事物)을 관찰(觀察)함. 무상한 현상 계속에 있는 불변의 본체적·이념적인 것을 심안에 비추어 바라보는 것】
- 【七斤((칠근) - 7키로. 시에서 무겁다는 의미로 사용】

산에 살면서 _부휴선사

바람에 과일은 자꾸 떨어지고
높은 산의 달은 지고 있네
곁엔 아무도 없고
창 밖 흰 구름만 자욱하구나

山居
산 거

風動果頻落
풍 동 과 빈 락
山高月易沈
산 고 월 이 침
時中人不見
시 중 인 불 견
窓外白雲深
창 외 백 운 심

· 浮休禪師(부휴선사, 1545~1615): 조선 중기 임진왜란 이후 불교중흥에 크게 이바지한 승려. 임진왜란 때 사명대사의 진중에서 군사전략가로 활동하기도 하였다. 법명은 선수(善修)이고 속성은 김씨이다.

· 【頻(빈)】 – 자주, 빈번히】
· 【時中(시중) – 時宜(시의 :그 당시에 알맞은)】
· 【深 (심) – 심하다】

현풍사 _운곡충휘

암자는 자욱한 안개에 어렴풋하고
나그네 귀엔 차가운 종소리 들리네
취한 채 소나무에 기대어 웃어보니
석양 빛 한 조각이 봉우리에 비치네

玄風寺
현 풍 사

寺在烟露縹緲中
사 재 연 로 표 묘 중

遊人耳廳廣寒鐘
유 인 이 청 광 한 종

醉來更倚松根笑
취 래 갱 의 송 근 소

一片斜陽照數峯
일 편 사 양 조 수 봉

· 雲谷冲徽(운곡충휘, ?~1613): 조선 중기의 선승(禪僧)으로 운곡(雲谷)은 호이다. 일선(一禪)의 제자로 시에 매우 능한 것으로 전해지고 있다. 그의 문집으로 《운곡집》1권이 있다.

· 【縹緲(표묘) - 멀고 어렴풋하다, 멀고 가물거린다】
· 【更(갱) - 더욱, 재차】
· 【斜陽(사양) - 저녁 햇빛】

유머의 원천은 기쁨이 아니라 슬픔이라고 한다.
우리네 세상사는 괴롭고 슬픈 일투성이기에 사람들은 더욱 유머를 필요로 하는지도 모르겠다.
진정한 유머는 웃음을 통해서 다른 사람들에게 즐겁고 따뜻한 마음을 전달하는 것이다.
서산대사와 원효대사는 때로는 가수로, 때로는 광대처럼 일반대중과 함께 하며
눈물어린 웃음을 선사했던 고승들이다.
이들의 유머는 남을 깎아내리는 비웃음이 아닌 해학과 깨달음의
지혜가 가득한 것들이라 현재까지도 회자되며 기분 좋은 웃음을 선사한다.

제3장 깨달음의 기쁨

❋ 깨달은 이들의 해학(諧謔)

우리나라 불교의 양대 산맥은 '교종(教宗)'과 '선종(禪宗)'으로 나뉜다. 경전에 의거한 교리해석 위주의 '교종'을 대표하는 이가 원효대사라면 서산대사로 널리 알려진 휴정은 조선시대 불교의 암흑기를 딛고 일어선 선종의 시조격인 고승이었다. 시대를 초월하여, 우리나라 불교의 양대 기둥인 두 고승의 공통점을 찾아볼 수 있을까?

나는 두 대사가 수많은 훌륭한 고승들 중에서도 그 이야기가 일반대중에게 가장 많이 회자되고 사랑과 존경을 받는 이유는 그들이 일생을 통해 보여준 '만능 엔터테이너'적인 기질에 있다고 본다. 일반대중을 울리고 웃기는 유머가 그들에게는 있었다.

"천국에는 유머가 없다"

미국 '현대문학의 아버지' 라 불리는 19세기 미국의 대표적인 소설가 마크 트웨인의 말이다. 이것은 유머의 원천은 기쁨이 아니라 슬픔이라는 격언과도 일맥상통한다. 우리네 세상사는 괴롭고 슬픈 일투성이기에 사람들은 더욱 유머를 필요로 하는지도 모르겠다. 너무나 웃기는 이야기를 들었을 때 자지러지게 웃다가 결국엔 눈물을 흘리고 마는 것도 이런 연유일까.

그러나 누구를 웃기게 한다고 해서 모두 유머가 되는 것은 아니다. 진정한 유머는 웃음을 통해서 다른 사람들에게 즐겁고 따뜻한 마음을 전달하는 것이다. 서산대사와 원효대사는 때로는 가수로, 때로는 광대처럼 일반대중과 함께 하며 눈물어린 웃음을 선사했던 고승들이다.

이들의 유머는 남을 깎아내리는 비웃음이 아닌 해학과 깨달음의 지혜가 가득한 것들이라 현재까지도 회자되며 기분 좋은 웃음을 선사한다. 서신대시와 그이 애제자로 호국불교의 선봉에 섰던 사명당 유정의 이야기가 그 좋은 예이다.

서산대사가 금강산 장안사에서 불도를 닦고 있었을 때의 일이다. 그의 명성을 듣고 승부욕에 불타던 사명당이 서산대사와 실력을 겨

뤄보고자 장안시를 찾았다. 사명당은 서산대사를 만난 자리에서 즉각 공중에 날아가던 참새 한 마리를 잡아 쥐고는 말문을 열었다.

"대사님, 내 손아귀에 있는 이 참새가 죽겠습니까, 아님 살겠습니까?"

사명의 손안에 있는 참새이니 그 명운은 그의 손에 달린 것이었다. 참새가 죽는다고 하면 사명당이 참새를 살려줄 것이요, 산다고 하면 죽일 것이니 어느 쪽으로 대답을 해도 결과는 반대로 나올 것이 뻔했다. 서산대사는 답하기 힘든 질문에 빙그레 웃으며 입을 열었다.

"허허 사명대사, 이 몸의 발이 지금 한 발은 법당 안에 있고, 한 발은 법당 밖에 나가 있는데 이 몸이 밖으로 나가겠습니까, 안으로 들겠습니까?"

이 또한 답하기 힘든 질문이었다. 사명당이 안으로 든다고 하면 한 발을 마저 밖으로 내놓을 것이요, 밖으로 나갈 것이라 답하면 안으로 들 것이었다. 잠시 생각에 잠긴 사명당은 그래도 멀리서 객이 왔는데 밖으로 나오는 게 당연한 도리라고 판단했다.

"그야 밖으로 나오시겠지요."

"과연 그렇소. 사명당이 그 먼 길을 한달음에 오셨는데 어찌 문

밖에 나가 영접치 않겠소. 그리고 참새로 말하자면 대사님 같이 불도에 정진하시는 분이 살생이라니 그런 일은 없을 것입니다."

서산대사의 재치와 범접하기 힘든 풍모에 감복한 사명당은 서산대사를 스승으로 삼고, 임진왜란을 맞아 나라가 어려울 때 호국불교의 선봉장으로서 큰 역할을 해냈다.

바로 이런 유머와 재치가 서산대사의 멋스러움이요 깨달은 이의 해학이었다. 부처님도 생전에 여느 코미디언 못지않은 유머를 구사하셨던 것으로 전해진다. 풍자와 해학, 그리고 삶에 대한 은유와 비유로 가득한 부처님의 설법은 때로는 그 자체로 한편의 재미난 동화와 같다.

불교에서 전해지는 유명한 일화 중에 이런 이야기가 있다. 부처님께서 어느 날 숲 속에 있는 한 나무 아래에서 좌선을 하고 계셨다. 이 때 한 젊은 여인이 헐레벌떡 뛰어 들어와서 자신을 숨겨주기를 부탁했다. 부처님은 여인을 안전한 곳에 숨겨 주고는 아무 일도 없었던 것처럼 다시 좌선을 하고 계셨다. 얼마 후 한 무리의 젊은이들이 나타나 부처님께 젊은 여인 하나를 못 보았냐고 물었다. 사연인즉 그들이 숲에 놀이를 와서 정신이 팔려 있는 동안 한 기생이 여러 사람의 옷과 값진 물건을 가지고 달아나 버렸다. 그래서 그 여인을 찾고 있는 중이라고 했다. 이와 같은 사정을 듣고 부처님은 조용히 그들에게 물으셨다.

"젊은이들이여, 달아난 여인을 찾는 것과 자기 자신을 찾는 것 중에 어느 것이 더 중요한가?"

놀이에만 팔려 자기 자신을 잊어버리고 여인을 찾아 헤매던 그들은 부처님 말씀을 듣고 문득 깨달음을 얻었다고 한다.

부처님의 설법은 이렇게 동화와 같이 담백하면서도 음미할수록 여운을 남기는 것이 많다. 불도를 수행하는 이들에게 이러한 단순한 이야기들은 때론 큰 의미로 다가와서 깨달음을 주기도 한다. 선종의 참선을 바탕으로 한 수행방법이 강조하는 것도 이러한 담백한 진리를 수행을 통하여 깨치는 마음공부이다.

불교의 중흥 기였던 신라와 고려시대에도 불교가 일반대중에까지 전달되기에는 원효대사와 같은 선구자적인 인물을 필요로 했다. 유교가 강성했던 조선시대에 상대적으로 쇠약해져가는 불교의 명맥을 유지해 나가기란 무척이나 어려운 일이었을 것이다.

서산대사는 불교가 바람 앞의 촛불과 같았던 조선시대에 선종을 대안으로 내세워 불교 중흥의 불을 지폈다. 대중에게 다가가기 위해서는 어려운 한문으로 된 교리에 치중한 교종 보다는 참선과 수행을 통한 마음공부를 통해 대중에게 접근하는 것이 보다 효과적인포교 방법 이었으리라.

서산대사는 선종의 가르침에만 치우친 선승은 아니었다. 그는 저서 〈선가귀감(禪家龜鑑)〉에서 "선은 부처의 마음이요, 교는 부처의 말씀이다"라고 밝히며 선교 양종을 통합하여 단일한 불교로 발전시키는 데 큰 역할을 했다.

오늘날 우리의 선종이라 할 수 있는 선불교가 '묻지마 수행' 식의 무조건적인 화두 참선에만 치우쳐 부처님이 남기신 설법을 경전을 통해 배우고 익히는 것을 등한시하는 측면이 있다면, 서산대사는 선종이면서도 교리에도 충실하려 했다.

그는 선가에서 귀감으로 삼아야 할 말씀들을 모아서 간단한 주를 붙인 〈선가귀감〉과, 선과 교를 대비하여 풀이한 〈선교석〉, 선과 교의 차이를 간결하게 해설한 〈선교결〉, 수도생활에 필요한 주문을 모은 〈운사단〉, 시문을 모아 놓은 〈청허당집〉등을 활발히 저술함으로써 후학양성과 불교 포교에 열과 성을 다했다.

오늘날 별다른 가르침이나 저술활동 없이 후학들에게 면벽수행만을 시키는 몇몇 선불교 종단의 폐해는 선교의 일치를 통해 우리나라 불교의 전통을 확립한 서산대사의 가르침과는 동떨어진 결과라 하겠다.

서산대사의 존재는 어디선가 누구에게 무슨 일이 생기면 어김없이 나타나는 '슈퍼맨'과 같았다. 현재까지도 전해 내려오는 서산대사의 신통방통한 도력 이야기는 임진왜란으로 피폐해진 대중들에게 꿈과 희망, 그리고 대리만족을 주는 '영웅'으로서의 서산대사의 면모를 잘 보여준다. 당시 대중에게 회자되던 사명대사는 높은 도술로 왜적을 물리치고 신통하게 앞날을 예언하는 무적의 고승이었다.

서산대사와 도술을 겨뤄보고는 감복하여 그의 제자가 된 사명당 유정의 이야기도 당시 민중들의 서산대사에 대한 한없는 존경심과 애정을 보여주는 일화다. 사명당 유정이 훗날 왜적들이 그를 해하려 갖은 악랄한 수단을 다 쓰는 것을 신통한 도술로 막아내어 왜적들을 감복하게 만들었다는 이야기도 전해진다. 서산대사는 사명당 유정에게 부적을 건네주어 신통한 도술을 발휘하도록 돕는 멘토의 역할로 등장하고 있다. 당시 민중의 서산대사에 대한 애정이 그토록 깊었음을 반증하는 일화들이다.

서산대사가 민중의 깊은 존경과 사랑을 받은 데에는 임진왜란 당시 그가 73세라는 노령에도 불구, 승병을 조직하여 왜적에 맞서 싸

웠기 때문이다. 임진왜란으로 고통 받고 있던 민중들에게 서산대사의 존재는 그들의 아픔을 함께 나누며 그들을 구원하려 애쓰는 지장보살과 같았으리라. 서산대사의 높은 도술에 얽힌 설화들은 모두 이런 연유에서 당시 대중들에 의해 창조되고 가공된 것이 아닐까.

서산대사가 선조의 간곡한 부탁으로 조직했다는 의승군은 그 수가 5000명이나 되었다고 전해진다. 이들은 서산대사의 지휘로 명나라 군대와 함께 평양성을 탈환하는데 큰 공을 세웠다. 그러나 실제로 의승군은 현장 접전에 있어서는 약했다고 한다.

스님들이 불살생이라는 계를 어기고 적극적으로 싸우기에는 무리가 있었던 것이다. 대신에 승병들은 성실한 일꾼으로서 성의 수비와 보수에는 뛰어난 기량을 보였기에 어디서나 환영 받는 존재였다.

서산대사는 승군을 조직하여 각지에서 활약했음은 물론 평양성 탈환이라는 큰 공을 세웠지만, 선조가 의주로의 피난을 접고 환도한 후에는 어떠한 식책도 맡길 거부했다. 그는 자신이 노쇠하다는 핑계로 제자 유정과 처영에게 총섭의 일을 부탁하고는 묘향산으로 돌아갔다.

…아무리 많이 가졌어도 저승길 가는 데는

티끌 하나도 못 가지고 가는 법이리니

쓸 만큼 쓰고 남은 것은 버릴 줄도 아시게나

자네가 움켜쥔 게 웬만큼 되거들랑

자네보다 더 아쉬운 사람에게 자네 것 좀 나눠주고

그들의 마음 밭에 자네 추억 씨앗 뿌려

사람 사람 마음 속에 향기로운 꽃 피우면

천국이 따로 없네,

극락이 따로 없다네.

천 가지 계획과 만 가지 생각이

불타는 화로 위의 한 점 눈(雪)이로다

논갈이 소가 물위로 걸어가니

대지와 허공이 갈라지는구나.

생이란 한 조각 뜬 구름이 일어남이요,

죽음이란 한 조각 뜬 구름이 스러짐이라.

뜬 구름 자체가 본래 실체가 없는 것이니

나고 죽고 오고 감이 역시 그와 같다네…

-서산대사 열반송 중에서-

왕의 신임을 한 몸에 받았던 고승이었으되 명예나 세속적인 욕망에 한 점 집착이 없는 대 자유인이었던 서산대사는 노년에 묘향산 원적암에 머물며 후학양성에 힘썼다. 대사는 어느 맑고 청명한 날에 많은 제자들이 지켜보는 앞에서 가부좌를 하시고 그의 생애만큼이나 호탕한 열반송을 한 수 읊고는 입적하셨다고 전해진다. 그의 나이 85세의 일이었다.

향로봉에 올라 _서산대사(청허휴정)

만국 모든 성들은 개미 둑과 같고

천가 호걸들은 초파리와 같네

창가의 달은 맑고 깨끗한 베게

한없는 솔바람은 소리가 가지런하지 않네

登香爐峰
등 향 로 봉

萬國都城如蟻垤
만 국 도 성 여 의 질

千家豪傑若醯鷄
천 가 호 걸 약 혜 계

一窓明月淸虛枕
일 창 명 월 청 허 침

無限松風韻不齊
무 한 송 풍 운 불 제

· 淸虛堂靜(청허휴정, 1520~1604): 조선 명종 선조 때의 고승으로 서산대사(西山大師)라는 호로 잘 알려져 있다. 임진왜란 때 승병을 동원하여 왜적과 싸웠다.《삼가귀감(三家龜鑑)》,《청어당집(淸虛堂集)》등의 작품이 있다.

· 【萬國(만국) - 세계 모든나라】
· 【蟻垤(의질) - 개밋둑(개미가 땅속에 집을 짓기 위해 파낸 흙가루가 땅 위에 두둑하게 쌓인 것)】
· 【千家(천가) - '천자(天子)' 또는 '황족(皇族)'을 이르는 말】
· 【醯鷄(혜계) - 초파리】
· 【淸虛(청허) - 마음이 맑고 잡된 생각이 없어 깨끗함】
· 【韻(운) - 음, 소리】
· 【齊(제) - 가지런하다】

초가집_서산대사

초가집은 세 군데 벽이 없고

늙은 스님은 대나무 침상에서 졸고 있네

푸른 산은 반쯤 젖어 있는데

성근 빗발이 석양을 지나가네

草屋
초 옥

草屋無三壁
초 옥 무 삼 벽
老僧眼竹床
노 승 안 죽 상
青山一半濕
청 산 일 반 습
疎雨過殘陽
소 우 과 잔 양

· 【草屋(초옥) - 초가집】
· 【疎雨(소우) - 성근 비】
· 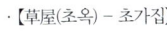(잔양) - 석양】

부용대사 찬시_서산대사

깨달음의 땅에 높이 올라

먼저 세가지 수레를 끌어본다

여덟 바다에 그물을 펼쳐

물고기 떼를 잡아 올린다

쇠망치로 때려 부순

호랑이가 한가로이 노니는 마굴

스승은 돌아 가고 세상은 적막한데

달은 져서 하늘은 비어 있네

讚詩
찬 시

高踞覺地
고 거 각 지

先引三車
선 인 삼 거

張羅八海
장 나 팔 해

撈摝群魚
로 록 군 어

金鎚擊碎
금 추 격 쇄

虎冗魔宮
호 용 마 궁

人亡世寂
인 망 세 적

月落天空
월 낙 천 궁

- 芙蓉靈觀(부용영관, 1485~1571): 조선 중기 서산대사에게 영향을 준 고승. 벽송의 도를 이었으며 그의 행적에 관한 기록은 서산대사가 찬술한 《삼노행적》에 남아있다.

- 【高踞(고거) – 해발(海拔) 높은곳】
- 【八海(팔해) – 세계의 모든 바다】
- 【撈(로) – 잡다 꺼내다】【摝(록) – 흔들다】
- 【金鎚(금추) – 쇠망치】【擊碎(격쇄) – 때려 부숨】

손님을 기다리며_진정천책

한가하게 판각에 기대어본다
적막하게 솔문은 닫혀있고
낙엽은 숲이 붉게 물든다 말해주네

먼 산 빛 바다 건너 저리 푸른데
온다는 손님은 어이 이리 늦을까
좋은 계절 헛되이 지나갈까 두려워라
다시 만나서는 다만 즐겁게 놀뿐이니
산중에는 예와 형식이 없다네

待訪庵
대 방 암

安閑依板閣
안 한 의 판 각

寂寞閉松扃
적 막 폐 송 경

落葉辭林赤
낙 엽 사 림 적

遙岑度海靑
요 령 도 해 청

高軒何晚過
고 헌 하 만 과

佳節恐虛經
가 절 공 허 경

邂逅但行樂
해 후 단 행 락

山中無禮刑
산 중 무 례 형

· 眞靜天頙(진정천책, 1206~1294): 고려 후기의 스님으로 천태종의 대표적 시승(詩僧)이다. 저서에 《호산록(湖山錄)》이 있다.

· 【閑(한) - 문지방, 막다】
· 【板閣(판각) - 經板(불경 간행물)을 쌓아 두는 전각】
· 【辭(사) - 하소연하다, 말하다】
· 【遙(요) - 멀다, 아득하다】
· 【高軒(고헌) - 높은 추녀, 집】
· 【海靑(해청) - (동물)매】

한가로움 _원감충지

수없이 기운 옷, 다섯 번이나 때운 밥그릇

평생 자는 것도 충분한데 또 무엇을 해야 하나

비 내리는 깊은 집 사람도 가지 않고

문지방에 기대어 바람을 즐길 뿐이다

閑居
한 거

百結霞衣五綴盂
백 결 하 의 오 철 우

平生睡足復何須
평 생 수 족 복 하 수

雨餘深院無人到
우 여 심 원 무 인 도

閑倚風欞只自娛
한 의 풍 령 지 자 오

· 圓鑑冲止(원감충지, 1226~1292): 고려의 승려로 천영(天英)을 이어 수선사(修禪社)의 제6세 사주가 되었다. 7년 동안 보조국사 지눌의 선풍을 선양하였다. 남긴 시문은 《원감록(圓鑑錄)》에 수록되어 있다.

· 【結(결) - 묶다, 매듭짓다】
· 【霞(하) - 놀, 멀다】
· 【綴(철) - 꿰매다, 얽어매다】
· 【盂(우) - 바리 사발】
· 【睡(수) - 자다】
· 【須(수) - 반드시 ~하여야 한다】
· 【娛(오) - 즐기다】

구름과 함께 _태고보우

낮에는 구름이 짝이 되고

맑은 밤에는 물이 이웃되네

무궁한 세상 밖 즐거움을

함께 즐길 이 그 누가 있을까

雲澗
운 간

白日雲爲伴
백 일 운 위 반

淸宵水作隣
청 소 수 작 린

無窮世外樂
무 궁 세 외 낙

共樂有誰人
공 낙 유 수 인

- 太古普愚(태고보우): 고려의 승려로 중국에 유학하여 석옥 화상으로부터 임제종의 법을 받았다. 왕사가 되었으나 신돈의 등장으로 왕사를 반납했었고 우왕 때는 국사가 되었다. 어록으로 《태고집(太古集)》이 있다.

- 【白日(백일) - 한낮, 대낮】
- 【爲(위) - 하다】
- 【伴(반) - 짝 반】
- 【宵(소) - 밤, 야간】
- 【無窮(무궁) - 공간이나 시간 따위가 끝이 없음】

도인의 삶 _벽송당

산은 높이 솟고 물은 시원하다

바람은 솔솔 불고 꽃은 그윽하고

도인이 살아가는 방식은 이러한데

어찌 구구히 세상 물정에 따르겠는가

山矗矗水冷冷
산 촉 촉 수 랭 랭
風習習花冥冥
풍 습 습 화 명 명
道人活計只如此
도 인 활 계 지 여 차
何用區區順世情
하 용 구 구 순 세 정

- 智嚴碧松堂(지엄벽송당, 1464~?): 조선 전기의 스님으로 휴정 서산대사와 부용 영관대사 등을 제자로 가르쳤다. 그의 어록과 행적은 서산대사의 찬술인《벽송당대사행적(碧松堂大師行蹟)》에 있다.

- 【矗矗(촉촉) – 높이 솟아나 있는 모양】
- 【習習(습습) – 솔솔(솔바람이 부는 모양)】
- 【冥冥(명명) – 깊다 그윽하다】
- 【活計(활계) – 살아가는 방도】
- 【何用(허용) – 어찌 ~할 필요가 있겠는가】
- 【世情(세정) – 세상의 물정】
- 【區區(구구) – 제각기 다름】

숭(嵩)스님의 운율을 따라 _허응 보우

보슬보슬 내리는 산비는 울창한 산을 적시고
참선의 맛 묻지 못해 그리움에 견딜 수 없네
언제쯤 선정에 벗어나 지팡이 집고 떠나가서
서로 찻잔 기울이며 달 아래서 이야기 나누어 보나

次嵩師韻
차 숭 사 운

山雨絲絲濕翠嵐
산 우 사 사 습 취 람

未詢禪味戀難堪
미 순 선 미 연 난 감

何當出定携筇去
하 당 출 정 휴 공 거

煮茗相傾月下談
자 명 상 경 월 하 담

· 虛應普雨(허응보우, 1507~1565): 조선의 고승. 문정왕후의 부름을 받아 선교 양종(禪敎兩宗)판사가 되어 불교의 중흥을 꾀했으나 유생들의 모함으로 제주로 유배되어 생을 마쳤다. 저서로《허응당집(虛應堂集)》이 있다.

· 【絲絲(사사) - 지극히 가느다란 모양】
· 【濕(습) - 축축하다】
· 【翠嵐(취람) - 청록빛 안개】
· 【詢(순) - 묻다】
· 【禪味(선미) - 참선의 오묘한맛, 세속을 떠난 담담한 마음】
· 【出定(출정) - 禪定(선정: 한 마음으로 사물을 생각하여 마음이 하나의 경지에 정지하여 흐트러짐이 없음을 이른다) 상태에서 나옴】
· 【携(휴) - 들다, 끌다】
· 【煮茗(자명) - 어린 찻잎을 끓이다】
· 【相傾(상경) - 서로 기울이다】

|제 3장 깨달음의 기쁨|

서릿발 같은 칼날 휘둘러 _청매인오

칼날 같은 서리로 봄바람 베어내니

눈 쌓인 빈 뜰에 낙엽이 붉구나

이 가운데 소식을 그대여 아는가

차가운 반달이 서산을 베고 누워있네

少林斷臂
소 림 단 비

一揮霜刀斬春風
일 휘 상 도 참 춘 풍
雪滿空庭落葉紅
설 만 공 정 낙 엽 홍
這裏是非才辨了
저 리 시 비 재 변 료
半輪寒月枕西峯
반 륜 한 월 침 서 봉

- 靑梅印悟(청매인오, 1548~1623): 조선 중기의 선승이다. 송운 사명대사와 함께 서산대사의 법맥을 이어받았다. 문집으로《청매집(靑梅集)》이 있다.

- 【揮(휘) – 휘두르다】
- 【斬(참) – 베다】
- 【裏(리) – 속, 속마음】
- 【非才(비재) – 자기재능을 낮추는 말, 변변치 못한 능력】
- 【半輪(반륜) – 둥근형상의 반쪽달】
- 【枕(침) – 베다, 접하다】

문수의 얼굴 _소요태능

흰 구름 끊긴 곳은 푸른 산이요

해가 지는 하늘에 새만 홀로 돌아오네

영원 속 자비스런 모습 항상 뵈오니

목련 꽃은 피고 물은 졸졸 흐르네

文殊面目
문 수 면 목

白雲斷處是靑山
백 운 단 처 시 청 산
日沒天邊鳥獨還
일 몰 천 변 조 독 환
劫外慈容常觸目
겁 외 자 용 상 촉 목
木蘭花發水潺潺
목 란 화 발 수 잔 잔

- 逍遙太能(소요태능, 1562~1649): 조선 중기의 고승으로 성은 오씨이고 호는 소요(逍遙)이다. 전라남도 담양출신으로 서산대사로부터 법을 전수받았다. 저서로는《소요당집(逍遙堂集)》1권이 있다.

- 【劫(겁) - 하늘과 땅이 한번 개벽(開闢)한 때부터 다음 개벽할 때까지의 동안이란 뜻으로, 지극(至極)히 길고 오랜 시간(時間)을 이르는 말】
- 【慈(자) - 사랑하다】
- 【潺潺(잔잔) - 졸졸 흐르다】

서로 만나 말이 없는 곳 _허백명조

서로 만나면 말 없는 곳

산새는 이미 울어 버리고

만일 또 비밀이 누설된다면

훗날 뉘우쳐도 소용이 없네

示凜師
시 름 사

相見無言處
상 견 무 언 처
山禽已了啼
산 금 이 료 제
若能重漏洩
약 능 중 루 설
他日恨噬臍
타 일 한 서 제

- 虛白明照(허백명조, 1593~1661): 조선의 고승이다. 청나라가 침입할 때 팔도 도청섭을 맡은 벽암대사의 항마군 조직에 응하여 묘향산 보현사에서 의병을 인솔하고 의곡을 모았다.

- 【山禽(산금) - 산새】
- 【漏洩(누설) - 비밀이 밖으로 새어 나감】
- 【他日(타일) - 다른 날】
- 【噬臍(서제) - 배꼽을 물어뜯으려 해도 입이 닿지 않는다는 뜻으로, 후회하여도 이미 때가 늦음을 이르는 말】

길손에게 _월봉책헌

일찍이 속세의 도리를 물어보니

기꺼이 청산을 향해 집을 짓네

명예와 이익은 봄날 꿈과 같고

영화榮華는 물거품과 같으니

솔바람은 진정 나의 벗이요

넝쿨사이로 비치는 달은 나의 이웃이라

어찌 신선들이 찾아와

눈 속의 사립문을 두드리는가

示客
시 객

早辭塵世道
조 사 진 세 도

甘向碧山巢
감 향 벽 산 소

名利如春夢
명 리 여 춘 몽

榮華若水泡
영 화 약 수 포

松風眞我友
송 풍 진 아 우

蘿月是吾交
나 월 시 오 교

豈意騷仙客
기 의 소 선 객

柴扉雪裡敲
시 비 설 리 고

- 【塵(진) - 티끌, 속세】
- 【世道(세도) - 세상을 올바르게 다스리는 도리】
- 【巢(소) - 보금자리를 짓다】
- 【蘿月(나월) - 담쟁이 넝쿨사이로 보이는 달】
- 【騷(소) - 떠들어대다】
- 【柴扉(시비) - 나무 문짝】

참선하는 자의 삶 _무용당 수연

나는 무한한 산속 경치를 가지고 있어

바위아래 흰 구름 날아다니고

나의 임금에게 소홀하다네

시냇물은 돌틈 사이로 뿜어 흐르네

달 주변의 푸르름 떨어지는 소리는 구름을 뚫고

햇빛은 골짜기를 비추니

연기는 마치 베를 짜는 것 같네

바람은 미미하게 불어

연못 중심에 스스로 무늬를 만드네

이것은 참선하는 자가 참으로 살아가는 방도이니

그것을 반으로 나누고자 해도 나눌 수 없다

我將無限山中景
아 장 무 한 산 중 경
岩下白飛溪射石
암 하 백 비 계 사 석
請向吾君大略云
청 향 오 군 대 략 운
月邊淸落磬穿雲
월 변 청 락 경 천 운
日射谷口烟猶織
일 사 곡 구 연 유 직
風細潭心水自紋
풍 세 담 심 수 자 문
此是禪家眞活計
차 시 선 가 진 활 계
欲分其半未能分
욕 분 기 반 미 능 분

· 無用堂秀演(무용당수연, 1651~1719): 속성은 오(吳)씨이고 휘는 수연(秀演)이며 자가 무용(無用)인데 당호(堂號)로도 사용한다. 남긴 저서로 《무용당집(無用堂集)》 2권이 있다.

· 【潭心(담심) - 깊은 못의 중심이나 바다】
· 【活計(활계) - 살아가는 방도】

백봉을 보내며 _허정법종

강의 하늘은 이미 저물어가고

어두운 물가의 오래된 나루터

기러기는 가을바람도 보내고 손님도 보낸다

봄은 돌아오지만 돌아오는 사람은 없네

送白峯
송 백 봉

江天日已暮
강 천 일 이 모

暝色古渡濱
명 색 고 도 빈

雁送秋風兼送客
안 송 추 풍 겸 송 객

春歸莫作未歸人
춘 귀 막 작 미 귀 인

· 虛靜法宗(허정법종, 1670~1733): 조선 중기에 활동했던 승려로 도안에게 글을 배우고 설암(雪巖)의 법사(法嗣)가 되었다. 집체시(次韻聯詩) 14편 등의 그의 시문은 《허정집(虛靜集)》에 남겼다.

· 【暮(모) - 저물다, 해질 무렵】
· 【渡(도) - 나루터, 건너다】
· 【濱(빈) - 물가, 끝】
· 【雁(안) - 기러기】

여시 거사에게 _묵암대사

불경에는 수많은 이야기있어
위편韋編이 헤지도록 책을 읽네

말이 없어 하늘은 고요한데
현상의 부처는 텅 비어 있고
도는 몸 밖의 형상을 새기고 있으니
혼은 법계 안에 융합되어 있구나

하늘에 있는 달을 보게나
어느 곳이건 같지 않던가

• 역시 거사에게_묵암대사

貝葉繹多憾
패 엽 역 다 감

韋編讀幾窮
위 편 독 기 궁

無言天寂寂
무 언 천 적 적

現相佛空空
현 상 불 공 공

道契形骸外
도 계 형 해 외

神融法界中
신 융 법 계 중

試看天月在
시 간 천 월 재

何處不相同
하 처 불 상 동

· 默庵大師(묵암대사, 1717~1790): 조선조 숙종, 정조시대의 승려로 법명은 최눌(最訥)이고 법호는 묵암이다. 《묵암집(默庵集)》 3권 등을 남겼다.

· 貝葉(패엽) - 경전을 새긴 나무 잎, 불경 】
· 韋編(위편) - 책을 묶는 끈 】
· 【現相(현상) - 대승기신론에 나오는 세 가지 미세한 정신 작용중 하나(업상(業相), 전상(轉相), 현상(現相)있다)】
· 【契(계) - 새기다】【法界(법계) - 불교】
· 【融(융) - 융합하다, 화합하다】

한바탕 웃음 _침굉현변

금망치 그림자속에 허공은 무너지고

놀란 진흙소는 동해바다를 건너가는구나

산호와 밝은 달은 차갑게 서로 비추며

지금과 옛날, 하늘과 땅 한번 웃어버린다

笑吟
소 음

金鎚影裏裂虛空
김 추 영 리 렬 허 공

驚得泥牛過海東
경 득 니 우 과 해 동

珊瑚明月冷相照
산 호 명 월 냉 상 조

今古乾坤一笑中
금 고 건 곤 일 소 중

- 枕肱懸辯(침굉현변, 1616~1684): 조선 중기의 승려이다. 소요 태능의 제자이며 고산 윤선도에게 시를 배웠다. 참선에만 전념했지만 한시, 가사, 문(文) 등 문학작품도 남겼다. 저서로는 《침굉집(枕肱集)》이 있다.

- 【鎚(추) – 망치】
- 【裂(렬) – 무너지다】
- 【驚(경) – 놀라다】

헛된 이름_설암추봉

마른 나무, 한가로운 구름은 이 몸의 짝
꿈에서 청색 자색으로 기린을 그린다
가난하면 반쪽 옷도 따뜻하다네
호탕하면 술독의 봄을 잊기 어렵다

뜰 비어 객의 외로움을 잡기 어렵고
비어 있는 법당 처마의 작은 새는 사람을 훔쳐본다
불쌍하도다 세상에서 이름을 구는 자!
헛된 이름은 귀함에서 멀어지는 것을 알지 못하는구나

枯木閑雲伴此身
고 목 한 운 반 차 신

夢塞青紫畵麒麟
몽 새 청 자 화 기 린

淸貧易得半衣暖
청 빈 역 득 반 의 난

護宕難忘蟻甕春
호 탕 난 망 의 독 춘

庭曠離疎孤試客
전 광 이 소 고 시 객

殿空簷短鳥窺人
전 공 첨 단 조 규 인

可憐世上求名者
가 련 세 상 구 명 자

不識浮名是實窅
불 식 부 명 시 실 요

- 雪巖秋鵬(설암추봉, 1651~1706): 조선 중기의 승려이다. 법명이 추봉이고 법호는 설암이다. 월저도안(月渚道安)으로부터 법과 의발을 받았다. 《설암잡저(雪巖雜著)》, 《설암난고(雪巖亂藁)》 책이 전한다.

- 【麒麟(기린) - 전설상의 동물, 수컷을 麒 라 하고 암컷을 麟 이라 함】
- 【蟻甕(의독) - 검은 항아리】
- 【曠(광) - 비어있다, 공허하다】
- 【試客(시객) - 정식 임명 없이 관직을 맡고 있는 것】
- 【窺(규) - 엿보다】【窅(요) - 눈앞에서 멀어지다】

혜공에게 _천경혜원

봄날은 한가로워 아무 일 없고
산이 끌어 들이는 흥은 길다
졸음이 와서 한숨 자려는데
가랑비 냉기에 침상이 차구나

次慧公
차 혜 공

春日閑無事
춘 일 한 무 사

山間引興長
산 간 인 흥 장

困來打一睡
곤 래 타 일 수

微雨冷侵床
미 우 냉 침 상

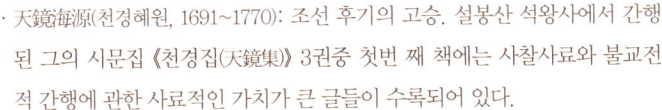

- 天鏡海源(천경혜원, 1691~1770): 조선 후기의 고승. 설봉산 석왕사에서 간행된 그의 시문집 《천경집(天鏡集)》 3권중 첫번 째 책에는 사찰사료와 불교전적 간행에 관한 사료적인 가치가 큰 글들이 수록되어 있다.

- 【困(곤) - 졸립다】
- 【侵(침) - 범하다】

산에 사는 _연담유일

한 해에 옷은 계속 기우고

하루에 발우는 두 번 씻는다

산중의 재미를 깨닫지 못한다면

산중 역시 티끌세상이로다

山居
산 거

一年衣重補
일 년 의 중 보

一日鉢兩洗
일 일 발 양 세

不曉山中趣
불 효 산 중 취

山中亦塵世
산 중 역 진 세

· 蓮潭有一(연담유일, 1720~1799): 조선 후기 선과 교를 회통한 고승으로 그가 세운 연담문은 조선후기까지 교세를 떨쳤다. 서산대사-편양-풍담-월담-환성-호암으로 전승되어 법맥을 이었으며 많은 제자를 누었다.

· 【重(중) - 거듭】
· 【補(보) - 기우다】
· 【曉(효) - 깨닫다】
· 【趣(취) - 흥미, 재미】
· 【塵世(진세) - 티끌세상】

불교가 위대한 이유는 '나 자신'을 알아가는 것으로 인생의 모든 괴로움에 대한 해답을 제시했기 때문이다.
대부분의 종교들이 강조하는 '믿음'이란 것은 '앎'의 반대말이다. 진짜로 아는 것은 굳이 믿을 필요가 없다.
불교는 그래서 헛된 '믿음'을 가르치지 않는다.
진정한 나의 실체를 깨닫고 무명을 지워 진리의 등불을 밝히는 것으로 족하다.

제4장 깨달음의 노래

❈ 내 무명을 밝히는 깨달음의 노래

주지스님: 걸을 때 부드러움을 느끼려면 온 세상에 가죽을 덮어야 할까?
동자승1: 아닙니다.
주지스님: 그럼 뭐가 좋겠느냐?
동자승2: 가죽 신발을 신으면 됩니다.
주지스님: 그래 가죽 신발을 신으면 될 것이니라. 그럼 어디를 가나 부드럽겠지. 나 한 사람의 발에 가죽 신발을 신는 것이 온 세상을 가죽으로 덮는 것과 같은 결과가 되느니라. 만사가 이것과 마찬가지야. 이 세상에는 원수와 적과 마귀와 온갖 악한 것들이 어느곳이나 할 것 없이 도처에 널려 있지만, 자신에게 유해한 그것들을 일일이 모두 물리치기란 불가능한 일이다. 하지만 나 한사람의 마음을 평정시킬 수만 있다면, 내 마음의 복수심과 적대감, 유혹과 사악한 생각을 다스릴 수 있으며, 이 세상에 있는 모든 악한

것을 물리친 것과 같다. 누구나 모든 것에 만족할 수만은 없고 무슨 일이든 괴로움과 고통이 따르기 마련이다. 자신의 마음을 돌아보고 새롭게 생각하라. 시련과 사악한 것에 대응하려면 내가 어떻게 해야 할까? 자신의 고통에서 빠져나와 그 실체 없는 것들을 그냥 바라 보거라. 자신을 버리고 자신을 사랑하는 것처럼 남을 사랑하라.

-영화 '컵The Cup' 중에서 주지스님과 동자승의 대화-

아름답고 조용한 티벳의 한 사원에 월드컵 축구의 열풍이 몰아닥쳤다. 열풍의 주인공은 어린 티벳 스님들이다. 월드컵 경기에 심취한 티베트승려들의 이야기를 통해 자연스럽고 감동적으로 불교의 가르침을 담아낸 영화 '컵(The Cup)'은 흥행에 성공함은 물론 평단의 찬사라는 두 마리 토끼를 잡았다.

영화 전반에 흐르고 있는 부처님의 가르침은 자연스럽고 담백하며 유머러스하여 웃음을 자아낸다. 글의 시작에 인용한 '가죽신'의 비유에는 감독 키엔체 노르부의 불교와 깨달음에 대한 성찰이 녹아있어 잔잔한 감동을 준다.

'리틀부다' 라는 영화를 본적이 있는가? '마지막 황제'로 유명한 이탈리아 영화감독 베르나르도 베르톨루치가 그린 부처님의 일대기이다. 부처님이 카빌라 왕국의 왕자로 있다가 성불하시기까지의 과정을 아름다운 영상으로 담아내서 불자들뿐만 아니라 대중적으로도 각광을 받은 작품이다. 한 티벳 승려가 자신의 스승인 도제 스님이 환생한 아이를 찾아가는 과정을 부처님의 일대기와 함께 보여주는데, 실제로 부처님이 계셨던 시대를 재현해 낸 듯 사실적이고 아름답다.

베르톨루치는 '리틀부다'를 촬영하면서 전반적인 부처님의 일생은 물론 영화의 반 이상을 차지하는 '티벳불교'에 대한 자문을 구하기 위해 불교수행과 영화공부를 병행 중이던 키엔체 노르부를 기용했다. 키엔체 노르부는 일곱 살에 19세기의 고명한 성인이자 위대한 종교적 지도자였던 잠양 키엔체 왕포의 환생임을 인정받은 이로서 현대불교의 대가 틴레이 노르부 린포체의 아들이기도 하다. 둘의 인연은 그렇게 시작되었다. 영화 촬영 기간 동안 키엔체 노르부와 베르톨루치감독은 서로를 통해 부족한 부분들을 채워나갔다.

"베르톨루치 감독은 나의 영화 교사나 다름없다."

키엔체 노르부가 한 말이다. 불교라는 인연의 끈이 거장과 청

출어람의 후학을 사제지간으로 맺어 준 것이다.

불교가 위대한 이유는 '나 자신'을 알아가는 것으로 인생의 모든 괴로움에 대한 해답을 제시했기 때문이다. 대부분의 종교들이 강조하는 '믿음'이란 것은 '앎'의 반대말이다. 진짜로 아는 것은 굳이 믿을 필요가 없다. 불교는 그래서 헛된 '믿음'을 가르치지 않는다. 진정한 나의 실체를 깨닫고 무명을 지워 진리의 등불을 밝히는 것으로 족하다.

'가죽신'의 비유처럼 온 세상을 다 가죽으로 덮을 필요는 없는 것이다. 가죽신을 신는 것으로 우리는 어느 곳을 가든 부드러움과 편안함을 느낄 수 있다. 내 자신을 다스리고 마음의 평화를 얻는 것이 세상을 얻은 것과 같은 이치이다.

인생살이가 괴롭고 힘든 원인도 이와 같다. '나'라는 존재가 있기 때문에 모든 것이 어렵고 힘들다. 자신에 대한 집착이 없다면 바랄 것도 없고 괴로울 일도 없다.

'나'라는 존재의 삶이 한 편의 영화라면 무엇 때문에 괴로워할 것인가. 우리는 영화를 보거나 TV드라마를 보면서 그것이 현실이 아니며 끝이 있음을 안다. 그렇기에 그저 그 순간순간을 즐길 뿐 안타까워하거나 고통스러워하지 않는다.

'나'라는 존재가 그 실체가 없음을 안다면 영화를 보듯이 인생을 즐길 수 있을 것이다. 제삼자의 관점에서 그저 바라본다면 말이다.

'나'의 실체가 없음을 사유해 나가는 과정이 부처님의 설법이다. 불교는 그 경전의 양에서부터 타의 추종을 불허한다. 실로 치열한 최상의 논리이며 지혜이기에 그것을 설명하려면 팔만대장경을 비롯한 수많은 불교 경전이 필요했다. 불교 경전을 읽다보면 그 방대한 양에 놀라고 다음으로 그 내용에 감탄을 금할 수 없게 된다. 천문, 지리, 광물, 식물, 동물, 생리, 위생, 의학, 약학, 논리, 심리, 정치, 경제, 사회, 가정, 직업, 풍속, 습관 등 이 세상의 거의 모든 것에 대한 이야기가 그 안에 있기 때문이다.

불교가 그 본고장인 인도에서 쇠퇴한 이유는 '너무 어려워서'라고 한다. 최상의 가르침이지만 그만큼 어렵기에 대중에게 다가가기 위해서는 '깨달은 이'들의 적극적인 포교가 필요한 종교이다.

부처님이 대중에게 깨달음을 전하려 왕자의 신분을 버리셨듯이 키엔체 노르부도 부탄에서의 높은 신분으로의 편안한 승려생활을 버리고 대중에게 손쉽게 접근할 수 있는 영화를 통해 부처님의 가르침을 널리 알리려 애쓰고 있다.

부탄에는 키엔체 노르부가 있다면 우리나라에는 원효대사가 계셨다. 원효대사가 살았던 신라시대에도 불교는 부흥했으나 왕실과 귀족들의 전유물이었을 뿐 일반대중에게는 전해지지 못했다.

원효는 귀족 출신으로 용모도 뛰어났고 남달리 총명했던 것으로 전해진다. 젊은 시절에 대한 자세한 기록은 찾아볼 수 없으나 나이 십세 무렵에 출가한 것으로 보인다. 당시 승려들이 성내의 대사원에 머물러 귀족생활을 했던 것과는 달리 원효는 좋은 집안과 뛰어난 학식을 갖춘 승려였으되 귀족들보다는 대중을 위한 포교에 앞장선 선구자적인 인물이었다.

그는 화엄경의 "모든 것에 걸림 없는 사람이 한 길로 생사를 벗어났도다"라는 구절로 무애가(모든 것에 걸림이 없다는 뜻)라는 노래를 지어 부르면서 춤도 추고 이야기도 하며 일반 대중 속으로 파고들었다.

원효는 거사들과 어울려 기생집에 드나들기도 하고 대중들을 모이놓고 화엄경을 강의하기도 했다. 그가 지어 부른 노래처럼 어느 것에도 걸림이 없었고 대중들을 교화하는 방식에도 일정한 틀이 없었다. 말하자면 대중들의 눈높이에 맞추어 그들을 감화시켰다. 원효 스스로가 배우도 되고 가수도 되어 대중들에게 부처님의 가르침을 보다 접하기 쉽게 알린 것이다.

　원효대사의 해골에 괸 물 이야기는 유명하다. 그 깨달음은 마음먹기에 따라 진리는 어느 곳에나 있음을 가르쳐준다. 원효대사가 당나라로의 유학길에 올라 깊은 밤 산중에서 마신 시원한 물 한잔은 아침 밝은 빛에서 보니 해골에 괸 물이였다. 물의 실체를 보고나니 모든 것이 마음먹기에 달림을 알았다. 당나라에 유학가면 배울 수 있을 거라 생각한 '진리'가 신라에는 없을 것인가. 모든 것이 마음먹기 나름인데 말이다.

　원효는 이를 계기로 유학을 접고 불도에 정진하여 우리나라 불교의 근본경전인 사교과 중 하나인 〈대승기신론〉을 비롯한 역사에 길이 남을 많은 저작물을 남겼다.

"…내일이 지나면 또 내일
내일이 어찌 그리 많겠는가.

나의 생은 내일을 기다리다가
모든 일이 덧없이 흘러갔으니

이전의 푸르른 꿈들이

어느새 백발이 되었구나."

〈원효의 대승기신론소 중에서〉

'지금 여기'에 머물러 산다는 것은 그토록 어려운 일일까? 행복은 내일에 있지 않고 지금여기에 있다.

삶은 미래에 대한 두려움과 과거에 대한 후회가 없다면 그 순간순간 자체로 아름다운 것일진대 우리는 현재에 살지 못하기에 매일이 두렵다.

최상의 깨달음을 얻으신 부처님이나 원효대사, 그리고 동시대 가까이엔 키에체 노르부에 이르기까지, 이들의 공통점은 평상심으로 모든 사물을 대하고 제 한마음을 다스리며 현재에 머무는 삶을 강조한다는 것이다.

진리는 멀리에서 찾을 수 있는 것이 아니라 가까이에 있는 것이고 언제나 그 자리에 있어왔다. 안데르센의 유명한 동화 '파랑새'에서 그토록 찾아헤메인 행복의 파랑새도 집안 새장에 있었다.

극락은 찾아가야 하는 어떤 곳이 아니라 '지금여기'에 머물 때 자연스럽게 찾아오는 것이다. 나라는 존재의 실체가 없음을 알면 집착할 것이 없고 그러니 괴로울 것도 없다. 미래를 두려워할 필요도 과거에 괴로워할 필요도 없다. 그러니 지금 여기에만 온전히 머무를 수 있는 것이다.

선사들은 그래서 깨달음의 노래를 불렀다. 자연의 아름다움을 노래하고 향긋한 차 한 잔의 여유에 감사했다. 맑은 달빛 아래서 즐거워했고 시원한 소슬바람에 황홀해 했다.

깨달은이들의 한없는 자비심과 중생을 위하는 마음도 이와 같다. 자비로워서 깨달은 것이 아니다. 깨달았기 때문에 자비로워진 분들이다.

깨달음을 얻기까지 그분들도 치열하게 세세생생을 걸쳐 공부했을 것이고 중생들의 눈으로 보기에는 좌절과 고통의 시간들도 겪었을 것이다. 부처님의 일대기만을 보더라도 전생에 인욕선인이셨을 때 가리왕에 의해 온몸을 칼로 베이는 고초를 당하셨다. 그러나 누군가 자기를 욕되게 하고 해를 가하더라도 가하는 이와 나, 그리고 그 행위 자체가 실체가 없음을 알고 마음속에서 일어나는 분노와 고통 또한 마음이 지어낸 것으로 실체가 없음을 알아 한 치의 분노와 원망도 느끼지 않으셨다고 한다. 그 인욕행은 실로 인욕할 것이 없음을 인욕함이었다.

세상 모든 것이 그 실체가 없는데 고통스러워할 일이 무엇인가. 그 한마음을 먹으면 모든 순간이 극락인 것이다. 그것을 깨닫기가 어려운 것은 깨달음은 진실로 아는 것이기 때문이다. 모든 것이 실체가 없음을 알기위해서는 역설적으로 모든 것의 실체를 알아야한다. 그렇기에 불교경전이 그리도 방대한 것이리라.

한없는 자비로움의 이유도 여기에 있다. 깨달은 자에게 실체가 없는 것들 때문에 고통 받는 중생들은 한없이 가엽고 측은한 존재들이다. 극락이 지금여기에 있는데 헛된 망상에 빠져있는 어리고 약한 존재들이다. 그래서 부처님과 선사들의 가르침은 우리의 아픈 곳을 어루만지듯 한없이 밝고 대자대비하다.

무명은 '알지못함' 이다. 곧 어리석다는 것이다. 선사들의 깨달음의 노래에서 나는 모든 것을 평상심으로 대하는 그들의 여여한 경지를 느낀다. 모든 실체를 알았기에 그 실체가 실체가 아님을 깨달은 이들의 환희심을 느낀다. 그들의 노래는 내 무명을 밝히는 등불이요 삶의 여정에서 내 발을 포근하고 부드럽게 해줄 가죽신인 것을.

마음을 깨침 _원효

마음이 생기면 만물의 갖가지 현상이 생기고
마음이 멸하면 무덤 해골물이 둘이 아님을 깨달았네

知心生故種法生
지 심 생 고 종 법 생

心滅故觸髏不二
심 멸 고 촉 루 불 이

· 元曉大師(원효대사 617~686): 신라의 고승으로 이 시는 그가 당나라로 가는 유학길 중 산밤에 마신 물이 해골에 괸 물이었음을 알고 크게 깨닫고 읊었다는 유명한 시다. 저서에 《대승기신론소(大乘起信論疏)》, 《금강삼매경론(金剛三昧經論)》 등 다수가 전해진다.

· 【故(고) - '일부러'의 의미가 있음】
· 【觸(촉) - 느끼다, 닿다】
· 【髏(루) - 해골】

대승기신론소 중에서 _원효

사대는 홀연히 흩어지니
보전하여 오래 머물지 못하는 것
벌써 오늘도 저녁이 되었구나
아침을 서둘러야겠다

내일이 지나면 또 내일
내일이 어찌 그리 많겠는가

나의 생은 내일을 기다리다가
모든 일이 덧없이 흘러갔으니
이전의 푸르른 꿈들이
어느새 백발이 되었구나

大乘起信論
대 승 기 신 론

四大忽散
사 대 홀 산

不保久住
불 보 구 주

今日夕矣
금 일 석 의

頗行朝哉
파 행 조 재

明日後明日
명 일 후 명 일

明日何其多
명 일 하 기 다

我生待明日
아 생 대 명 일

萬事成蹉跎
만 사 성 차 타

宿昔青雲志
숙 석 청 운 지

蹉跎白髮年
차 타 백 발 년

- 元曉(원효)의 大乘起信論疏(대승기신론소): 불교의 논장 중에서 대표적인 기신론을 주석한 책으로 (해동소(海東疏)라고도 한다.
- 【四大(사대) - 불교에서 세상 만물을 구성하는 땅, 물, 불, 바람의 네가지 요소】
- 【蹉跎(차타) - 세월을 헛되이 보내다, 시기를 놓치다, 허송세월을 했다】

법을 전하는 계송 _제다가

본래의 법과 마음이 통하게 되면

법도 없고 법이 아닌 것도 없다

깨달았어도 깨닫기 전과 같으니

마음이 없으며 법도 없음이라

偈頌
게 송

達通本法心
달 통 본 법 심

無法無非法
무 법 무 비 법

悟了同未悟
오 료 동 미 오

無心亦無法
무 심 역 무 법

· 제다가(提多迦): 인도 마가다국 사람이며 석가모니 부처님이 가섭에게 법을 전한지 5대 째의 조사(祖師)이다. 제4대 우바국다 존자로 부터 법을 받았으며 미차가(彌遮迦)의 출가시 설한 게송이라고 한다.

· 【達通(달통) - 통하여 이르다】

증도가 _영가 현각

하나의 달은 모든 물에 두루 나타나고
모든 물의 달은 하나의 달이 머금었네

證道歌
증 도 가

一月普現一切水
일 월 보 현 일 체 수
一切水月一月慴
일 체 수 월 일 월 섭

· 永嘉玄覺(영가현각, 675~713): 중국 당나라 승려로 어려서 출가하여 천태 지관을 익히다가 조계의 혜능을 찾아가 인가를 받고 여기에 실린 증도가를 지었다고 한다.

· 【慴(섭) - 머물다】

해 바퀴 굴러서 _진각혜심

세월이 급히 흐르는 것은 물과도 같아

늙음을 흰 머리칼로 보여 주는구나

단지 이 몸은 내 것이 아니니

소박한 이 몸 외에 또 무엇을 구하랴

息心偈
식 심 게

行年忽忽急如流
행 년 홀 홀 급 여 류
老色看看日上頭
노 색 간 간 일 상 두
只此一身非我有
지 차 일 신 비 아 유
休休身外更何求
휴 휴 신 외 갱 하 구

- 眞覺慧諶(진각혜심, 1178~1234): 앞의 "산에서 노닐며" 참조

- 【行年(행년) – 그해까지 나이 먹은】
- 【忽忽(홀홀) – 눈 깜작할 사이에, 순식간에 (시간이) 빨리 지나가다】
- 【老色(노색) – 늙음】
- 【上頭(상두) – 상투의 본딧말】
- 【此(차) – 이, 이것】
- 【只(지) – 다만】
- 【休休(휴휴) – 은퇴하다, 마음이 너그러운 모양, 본직에서 물러나다 검박하다, 소박하다】

신령스러운 빛은 _진각혜심

신령스러운 빛은 허공에만 빛나고

덕은 항상 쌓아 놓은 모래 알갱이를 지난다

무릇 성인은 모두 같거늘

다시 어디에서 원만함을 구하겠는가

大光明藏章
대 광 명 장 장

靈光無外爍虛空
영 광 무 외 삭 허 공

德過恒沙蘊箇中
덕 과 항 사 온 개 중

凡聖本來同一地
범 성 본 래 동 일 지

更於何處覓圓通
갱 어 하 처 멱 원 통

- 【爍(삭) – 빛나다, 뜨겁다】
- 【靈光(영광) – 신령스런 빛】
- 【恒(항) – 항상, 늘, 언제나】
- 【沙(사) – 모래 사, 작은 알갱이】
- 【蘊(온) – 쌓다, 저축하다】
- 【圓通(원통) – 원만하다, 유연성 있다】

있다 없다 _진각혜심

있고 없음을 떠나야 참된 도가 드러나니
한 점 홀로 밝은 것이 태양과 같다
곧 알아채도 방망이 맞을 터인데
어찌 쓸쓸이 앉아 궁리로 헤야리랴

有無
유 무

有無坐斷露眞常
유 무 좌 단 로 진 상
一點孤明若太陽
일 점 고 명 약 태 양
直下承當猶喫棒
직 하 승 당 유 끽 봉
那堪冷坐暗思量
나 감 냉 좌 암 사 량

- 【眞常(진상) - 변치 않는 불변의 도】
- 【露(로) - 나타내다, 드러내다】
- 【點(일점) - 한점, 사물의 어떤 문제 혹은 방면을 가리킴】
- 【下承(하승) - 사람을 인도(引導)하여 열반(涅槃)의 이상(理想) 경지(境地)에 들어 가게 하는 교법. 불교(佛敎)의 두 가지 큰 파의 하나로 대승(大乘)이 심원하고 광대(廣大)한데 비하여 비근한 교리(敎理)인데, 성문승(聲聞乘)과 연각승이 있음】
- 【猶(유) - 오히려, ~와같다】
- 【喫(끽) - 먹다, 마시다, 당하다】
- 【思量(사량) - 생각하여 헤아리다】

오도송 _백파선사

헝클어진 머리, 툭 튀어나온 눈

이것이 노승의 진면목일세

기둥 위는 하늘이요 기둥 아래는 땅이로세

부처는 원래 찾을 수 없도다

허허허허 무엇인가

동서남북에 오직 나뿐이네

悟道頌
오 도 송

頭峯鬆兮眼卓朔
두 봉 송 혜 안 탁 삭
此其老僧眞面目
차 기 노 승 진 면 목
上柱天之下柱地
상 주 천 지 하 주 지
佛祖元來覓不得
불 조 원 래 멱 불 득
呵呵呵呵是甚麼
가 가 가 가 시 심 마
南北東西唯是我
남 북 동 서 유 시 아

· 龜山堂白坡(구선당 백파, 1767~1852): 조선 후기의 승려. 구암사(龜巖寺)에서 선문(禪門) 중흥의 종주가 되었다. 저서에 《정혜결사문(定慧結社文)》, 《선문수경(禪門水鏡)》 등 다수가 있다.

· 【鬆(송) – 더벅머리, 헝클어지다】
· 【卓(탁) – 높이 솟아 있다, 우뚝 서 있다】
· 【佛祖(불조) – 석가모니】
· 【呵呵呵呵(가가가가) – 허허허 또는 하하하 웃는 소리】
· 【唯(유) – 오직】

대나무 치는 소리 _향엄선사

한번 치는데 모두 잊으니
억지로 닦을 것 없네
움직임에 옛 성인의 길을 높이 들어
초연한 기에 떨어지지 않으니

이르는 곳마다 자취 없고
소리와 모습이 위의를 잊으니
제방에 도를 통한 이는
이를 최상의 높은 기라 이르네

香嚴
향 엄

一擊忘所知
일 격 망 소 지

更不假修治
갱 불 가 수 치

動容揚古路
동 용 양 고 로

不墜超然機
불 추 초 연 기

處處無終跡
처 처 무 종 적

聲色忘威儀
성 색 망 위 의

諸方達道者
제 방 달 도 자

威言上上機
위 언 상 상 기

- 香嚴脂閑(지한 향엄, ?~898): 중국 후양의 승려. 여기에 수록된 시는 그가 앞마당에서 돌이 대나무에 부딪치며 나는 소리를 듣고 갑자기 깨달았다는 일격망소지(一擊忘所知)라는 깨달음의 시이다.

- 【擊(격) – 부딪치다, 공격하다, 마주치다】
- 【墜(추) – 떨어지나, 떨어뜨리다, 무너지다】
- 【跡(적) – 발자취 적】

산위의 달 _석옥청공

돌아와서 발 씻고 잠을 청하니

피곤해서 달이 산으로 흘러가는 줄도 몰랐네

먼 숲속 지저귀는 새소리에 잠이 깨니

소나무 가지에 붉은 해가 걸려있구나

山月
산 월

歸來洗足上床睡
귀 래 세 족 상 상 수
困重不知山月移
곤 중 부 지 산 월 이
隔林幽鳥忽喚醒
격 림 유 조 홀 환 성
一團紅日掛松枝
일 단 홍 일 괘 송 지

· 石屋淸珙(석옥청공, 1272~1352): 중국 원나라 때 승려로 임제종의 법맥을 받았다. 고려의 태고 보우와 백운 경한 등이 그의 영향을 받아 우리나라에서도 존중받는 선승이다.

· 【困(곤) - 졸립다, 피곤하다】
· 【重(중) - (정노가)심하다】
· 【隔(격) - 떨어지다, 멀리 있다】
· 【幽(유) - 숨다, 그윽하다】
· 【喚(환) - 부르다, 외치다】
· 【醒(성) - 잠이 깨다】
· 【團(단) - 둥글다】
· 【掛(괘) - 걸다】
· 【松枝(송지) - 소나무가지】

지공화상께 드림, 여덟 _백운경한

평소의 마음이 도道요

모든 사물은 신체를 보는 것이다

사물과 사물은 서로 침범치 않으니

산은 산, 물은 물이로세

呈似指空八
정 사 지 공 팔

平常心是道
평 상 심 시 도

諸法覿體身
제 법 적 체 신

法法不相到
법 법 불 상 도

山山水是水
산 산 구 시 수

· 白雲景閑(백운경한, 1298~1374): 고려 후기 태고 보우와 나옹 혜근과 동시대의 승려다. 원나라에 가서 석옥 청공의 법을 받았고 지공에게 배웠다. 귀국 후 수행에 전념했으며 그의 어록으로 《백운화상어록》이 있다.

·【平常(평상) – 평상시, 보통의】
·【諸(제) – 우주 사이에 있는 유형 · 무형의 모든 사물】
·【體身(체신) – 신체, 몸】

게송 1_함허선사

흐린 구름 일어 맑은 하늘을 어둡게 하니
지혜의 빛을 가려 경치와 형상을 흐리는구나
갑자기 청풍이 불어 구름은 흩어져 없어지니
하늘은 만물의 모양을 담아 하늘 못에 비치누나

函虛禪師偈頌
함 허 선 사 게 송

迷雲一作性空暗
미 운 일 작 성 공 암

慧日沈輝景像微
혜 일 심 휘 경 상 미

忽遇清風雲散盡
홀 우 청 풍 운 산 진

空含眾色映天池
공 함 중 색 영 천 지

· 涵虛堂 得通己和(함허당 득통기화, 1378~1433): 조선 초기에 활약한 고승, 무학대사의 법을 이어받았으며 세종대왕과 왕실의 존경을 받았다. 자신이 설의를 붙인 《금강경오가해(金剛經五家解)》를 편찬하였다.

· 【迷(미) – 흐릿하다】
· 【暗(암) – 어둡다】
· 【慧日(혜일) – 부처의 지혜를 해에 비유한 말】
· 【沈(심) – 가라앉다, 빠지다, 침체하다】
· 【輝(휘) – 빛나다】
· 【景像(경상) – 경치와 모양】
· 【忽偶(홀우) – 갑자기 뜻하지 않게】
· 【盡(진) – 줄다, 없어지다】
· 【含(함) – 머금다, 담다】
· 【眾色(중색) – 만물의 색】

게송 2 _함허선사

태어나는 것은 구름 한 조각 떠오르는 것이요

죽는 것은 뜬 구름 한 조각 사라지는 것이네

뜬 구름 자체는 원래 실상이 없으니

태어나고 죽고 오고가는 것 또한 이러하네

生也一片浮雲起
생 야 일 편 부 운 기
死也一片浮雲滅
사 야 일 편 부 운 멸
浮雲自體本無實
부 운 자 체 본 무 실
生死去來亦如然
생 사 거 래 역 여 연

- 【浮(부) – 둥실둥실 떠오르다】
- 【滅(멸) – 없어지다, 사라지다】
- 【無實(무실) – 사실이나 실상이 없음】
- 【亦(역) – 또한】
- 【如然(여연) – 만일 그렇다면】

소요당의 시 _소요당

그림자 없는 나무 한 구루

불 속에 옮겨 심는다

봄이 오지 않는다 해도

붉은 꽃은 아름답게 만발하구나

밤과 낮, 하늘이 열리고 닫힘

여러 해 동안 땅이 죽고 사는 것 기이하구나

逍遙堂 詩
소 요 당 시

一株無影木
일 주 무 영 목

移就火中栽
이 취 화 중 재

不假三春雨
불 가 삼 춘 양

紅花爛漫開
홍 화 난 만 개

晝夜天開闔
주 야 천 개 합

春秋地死生
춘 추 지 사 생

奇哉這一物
기 재 저 일 물

・逍遙堂姜文會(소요당 강문회, 1433~1499): 조선 전기의 문신으로 학덕이 높았다. 연산군의 폭정으로 낙향하여 후학양성에 힘썼다. 시문에 능하였고 많은 사람의 모범이 되었다. 문집에 《소요당기(逍遙堂記)》가 있다.

・【放(방) - 소리나 빛을 발하다】
・【因(인) - 연유에, 까닭에】
・【標(표) - 사물의 말단, 표지, 표시】
・【指(지) - 손가락, 가리키다】
・【喫(끽) - 먹다】

술을 마주하여 _백거이

달팽이 뿔 위에서 무엇 때문에 싸우는가
번개 같이 빠른 세월에 이 몸을 맡기었거늘
넉넉하나 가난하나 그대로 기쁘고 즐거우니
입을 벌려 웃지 않는다면 어리석은 사람일세

對酒
대 주

蝸牛角上爭何事
와 우 각 상 쟁 하 사
石火光中寄此身
석 화 광 중 기 차 신
隨富隨貧且歡樂
수 부 수 빈 차 환 락
不開口笑是癡人
불 개 구 소 시 치 인

- 白居易(백거이, 722~844): 중국 당나라의 시인, 문필가. 자는 낙천(樂天)이고 호는 취음선생 또는 향산거사이다. 풍유시(諷諭詩)를 즐겨썼으며 비파행(琵琶行)과 장한가(長恨歌)가 유명하다. 말년에 불교에 심취하였다.

- 【蝸牛角(와우각) - 달팽이뿔, 극히 작은일】
- 【石火光(석화광) - 빠른세월을 비유하는 말】
- 【寄(기) - 기대다, 맡기다】
- 【隨(수) - ~하면 ~하는되로】
- 【癡(치) - 어리석다, 미치광이】

열반송 _태고 보우

인간의 삶은 물거품처럼 속이 비어있는 것과 같으니

팔십여 인생은 봄날 꿈이어라

죽음에 이르러서야 가죽부대를 내려놓는구나

붉은 태양은 서산으로 지고 있네

涅槃頌
열 반 송

人生命若水泡空
인 생 명 약 수 포 공

八十餘年春夢中
팔 십 여 년 춘 몽 중

臨終如今放皮袋
임 종 여 금 방 피 대

一輪紅日下西峰
일 륜 홍 일 하 서 봉

- 【若(약) - 같다】
- 【물거품 餘年(여년) -앞으로의 인생】
- 【臨終(임종) - 죽음을 맞이함】
- 【皮袋(피대) - 가죽부대】
- 【一輪紅日(일륜홍일) - 붉고 둥근 태양을 가리킴】

깨달음의 노래 _서산대사

주인이 객에게 자기 꿈을 이야기 하고
객도 주인에게 자기 꿈을 이야기 하니
이제 꿈 이야기하는 두 나그네
이들 또한 꿈속의 사람이로구나
머리는 희어도 마음은 희지 않는다고
옛 사람이 이미 말하였지

悟道頌
오 도 송

主人夢說客
주 인 몽 설 객

客夢說主人
객 몽 설 주 인

今說二夢客
금 설 이 몽 객

亦是夢中人
역 시 몽 중 인

髮白心非白
발 백 심 비 백

古人會漏洩
고 인 회 누 설

· 서산대사(西山大師): 앞에서 참조. 이 시는 서산대사의 오도송(悟道頌: 깨달음의 노래)

· 【悟道頌(오도송) – 불교에서 수행자가 깨달음을 얻었을 때 읊는 시와 노래】
· 【夢(몽) – 꿈】
· 【(객) – 손님】
· 【髮(발) – 머리털】
· 【寶藏(보장) – 보배 창고】

|제 1장 집을 떠나며|

이제 닭 우는 한 소리 듣고
장부가 능히 할 일을 마쳤다네
홀연히 자기의 근본을 얻으니
낱낱이 다만 이것뿐인 것을
천만금의 보물 창고가
본래 이 빈 종이 한 장일세

今聞一聲鷄
금 문 일 성 학
丈夫能事畢
장 부 능 사 필
忽得自家底
홀 득 자 가 저
頭頭只此爾
두 두 지 차 이
萬千金寶藏
만 천 금 보 장
元是一空紙
원 시 일 공 지